PETITE BIBLIOTHÈQUE-CHARPENTIER

L'ABBÉ
TIGRANE

PAR

FERDINAND FABRE

AVEC

DEUX DESSINS DE JEAN-PAUL LAURENS

Gravés par CH. COURTRY

PARIS

CHARPENTIER ET Cie, ÉDITEURS

EXTRAIT DU CATALOGUE
de la PETITE BIBLIOTHÈQUE-CHARPENTIER

Chaque volume orné de deux eaux-fortes. — Prix de chaque volume : **4 francs.**

ALFRED DE MUSSET vol.
- Premières poésies....... 1
- Poésies nouvelles........ 1
- Confession d'un Enfant du siècle............. 1
- Comédies et proverbes.. 1
- Contes et nouvelles..... 1

E. ET J. DE GONCOURT
- Renée Mauperin......... 1
- Madame Gervaisais...... 1

EDMOND ABOUT
- Tolla................... 1

MICHELET
- La Montagne............ 1

PAUL DE MUSSET
- Lui et Elle............. 1

HECTOR MALOT
- Une bonne affaire....... 1

CAMILLE FLAMMARION
- La pluralité des mondes. 1

ALFRED DE VIGNY
- Cinq-Mars............... 1
- Servitude et grandeur militaires
- Théâtre
- Stello
- Poésies complètes
- Journal d'un poète

THÉOPHILE GAUTIER vol.
- Mlle de Maupin.......... 1
- Fortunio................ 1
- Les Jeune France....... 1
- Mlle Daphné........... 1
- Émaux et Camées....... 1

FERDINAND FABRE
- L'abbé Tigrane......... 1
- Julien Savignac........ 1

ALPHONSE DAUDET
- Contes choisis......... 1

GUY DE MAUPASSANT
- Contes et Nouvelles.... 1

ANDRÉ THEURIET
- Raymonde............... 1

ÉMILE ZOLA
- Contes à Ninon......... 1
- Nouveaux contes à Ninon
- Thérèse Raquin......... 1

JULES SANDEAU
- Le docteur Herbeau..... 1
- Mlle de la Seiglière.... 1
- La chasse au roman..... 1

Paris. — Typ. G. Chamerot, rue des Saints-Pères, 19.

PETITE BIBLIOTHÈQUE CHARPENTIER

L'ABBÉ

TIGRANE

PARIS

TYPOGRAPHIE GEORGES CHAMEROT

19, RUE DES SAINTS-PÈRES, 19

J.P. Laurens del. Ch. Court.

PETITE BIBLIOTHÈQUE CHARPENTIER

L'ABBÉ
TIGRANE

PAR

FERDINAND FABRE

AVEC

DEUX DESSINS DE JEAN-PAUL LAURENS

Gravés par Ch. COURTRY

PARIS

G. CHARPENTIER ET Cie, ÉDITEURS

11, RUE DE GRENELLE 11

1887

L'ABBÉ TIGRANE

I

UNE VILLE DÉVOTE

Lormières est une petite ville de quinze mille âmes environ, cachée dans un repli des Corbières, montagnes qui relient la chaîne cévenole aux Pyrénées.

« Pour voir Lormières, disent les gens du pays en leur patois, il faut avoir le nez dessus. »

Un étroit cours d'eau, l'*Arbouse*, qui prend sa source dans un pittoresque bois d'arbousiers, à quelques kilomètres de là, divise la ville en deux quartiers. En bas, le *Quartier des Papeteries*, ainsi appelé des nombreuses usines à papier échelonnées le long de la rivière; en haut, le *Quartier des Couvents,* qui tire son nom des monastères et des églises que l'on y rencontre à chaque pas. Ici, en effet, se dressent la belle cathédrale gothique de Saint-Irénée, la primatiale romane de Saint-Frumence, le cloître à rosace flamboyante des Barnabites et les lourds bâtiments massifs du grand séminaire diocésain.

Du reste, c'est sur la multiplicité de ses établissements religieux que le conseil d'État se fonda, en 1801, pour maintenir à Lormières, bien que Lormières ne fût pas un chef-lieu de département, le siège d'un évêché. — Puisque là se trouvait tout bâti un palais épiscopal, pourquoi n'y enverrait-on pas un évêque ? Le budget des cultes était si pauvre, à l'issue de la Révolution ! — Pour toutes ces bonnes raisons, Monseigneur de la Guinaudie fut préconisé par le pape Pie VII, dans le consistoire tenu à Rome, le 3 du mois de juin 1802.

Les rues de Lormières, étroites, tortueuses, obscures, débouchent toutes, ou à peu près, sur l'Arbouse, que traversent deux ponts de construction ancienne, un peu trapus peut-être, mais embellis de larges parapets en pierre de taille que, dans la succession des siècles, le frôlement des mains et les vents âpres de la montagne ont polis grain à grain, et qui étincellent au soleil comme des miroirs.

Malgré ces deux voies de communication plus que suffisantes, les relations sont assez rares entre le Quartier des Couvents et le Quartier des Papeteries. Cela dépend de la différence radicale de mœurs qui existe entre la haute et la basse ville. Tandis que, du côté des fabriques de papier, un monde de bras s'agitent, se démènent, pliant les ballots, clouant les caisses, chargeant les charrettes, les conduisant vers la gare à grand renfort de coups de fouet sur les pauvres chevaux, qui halètent, suent, se cabrent de fureur, du côté de la cathédrale, règne le plus profond silence. Le seul bruit qu'on y entende est celui des cloches des églises ou des communautés, qui pullulent sur tous les points. Dominicains, Jésuites, Maristes, Carmélites, Visitandines, Sœurs de la Sainte-Famille, Réparatrices du cœur de Marie, c'est à ne pas s'y reconnaître...

Naturellement, une telle affluence de prêtres et de religieuses ne pouvait manquer d'appeler sur ce point privilégié les maisons nobles du pays. La noblesse, en effet, y est fort nombreuse.

Entre autres gentilshommes que la bonne odeur de Lormières avait attirés depuis longtemps, nous devons citer le vicomte de Castagnerte. C'est là que, après la révolution de Juillet, se retira ce champion fougueux de la Restauration, cet agent si dévoué et si actif, si l'on s'en souvient encore, de la politique du prince de Polignac. Le roi mort, M. de Castagnerte n'avait plus pensé qu'à Dieu, et, de Paris, il était venu s'enterrer dans la petite ville des monts Corbières, que l'archevêque de Toulouse, Monseigneur d'Astros, lui avait signalée comme une sorte d'antichambre du paradis.

A Lormières, les moindres fêtes sont chômées; à Lormières, les fidèles, — il n'y a que des fidèles, — osent tirer le chapelet de leur poche en pleine rue et le réciter pieusement; à Lormières, il n'existe pas de théâtre, et les yeux des habitants contrits ne furent jamais offusqués par la rencontre diabolique d'un saltimbanque ou d'un comédien. Mais aussi comme toutes ces âmes, qui baignent, pour ainsi dire, dans le ciel, se dédommagent lorsque, la veille de la Trinité ou celle de la Noël venue, Monseigneur l'évêque va au grand séminaire pour y procéder à la cérémonie touchante de l'Ordination !

Le grand séminaire de Lormières est un ancien couvent de Minimes, adossé au vieux mur qui enserre aujourd'hui la haute ville. L'énorme muraille couronnée de créneaux, dont le temps émiette la pierre moussue, se développe le long de deux cours où se promènent, folâtrent, jouent les jeunes abbés. Ces deux cours, — l'une dite des *Sous-Diacres*, l'autre des *Tonsurés*, — sont plantées de grands ormes qui, lorsque la saison d'été arrive, répandent sur cette retraite, d'un caractère austère, presque sauvage, une incomparable fraîcheur. Ici, d'ailleurs, tout respire la vétusté, le recueillement et la paix.

Dans les premiers jours de mai 1866, la cour des *Sous-Diacres,* ordinairement plus paisible que celle des *Tonsurés,* retentissait de bruyants éclats de rire entrecoupés de cris perçants prolongés. De toutes parts, on avait organisé des parties de balle, et chacun, la soutane pittoresquement relevée jusque par-dessus le genou, se démenait de son mieux. Parfois, au milieu des têtes blondes ou brunes, passait tout à coup une tête blanche, preuve manifeste que plus d'un directeur prenait sa part dans cette formidable mêlée.

Non loin du champ de bataille, à l'ombre épaisse des arbres, sur un tronçon de colonne, débris du cloître des Minimes, un ecclésiastique était assis tenant un carnet à la main. De temps à autre, un des joueurs, le front ruisselant, courait vers ce prêtre à la mine renfrognée, et lui disait :

« Monsieur le Supérieur, six points pour nous ! »

Alors l'abbé Rufin Capdepont, Vicaire-Général, chanoine titulaire de l'église cathédrale de Saint-Irénée, membre de l'Officialité diocésaine, professeur *d'histoire ecclésiastique* et Supérieur du grand séminaire, saisissait son crayon et écrivait gravement.

Cependant l'abbé Capdepont, comme s'il redoutait d'être surpris au cours d'occupations si peu en harmonie avec la dignité du caractère sacerdotal, lançait par intervalles un regard inquiet vers la porte de la cour. Un de ses confrères du Chapitre pouvait venir; l'évêque lui-même, remis désormais d'une longue maladie, pouvait arriver. Que dirait-on? Que penserait-on?...

Un moment vint où, ennuyé d'une besogne ridicule, le Supérieur laissa aller son carnet sur la pierre et se leva.

L'abbé Capdepont était un homme grand, sec et maigre. Il avait cinquante ans environ. Ses yeux étaient profondément encavés; son nez, renflé comme celui de Pascal, avait une ampleur monumentale; sa bouche, aux lèvres minces, sinueuses, était sévère. Une abondante chevelure grisonnante et crépue, au milieu de laquelle la tonsure, blanche, s'enlevait comme sur un fond de nuages, enveloppait, pour ainsi parler, cette belle tête sculpturale, dont le ton d'ivoire jauni rappelait les beaux portraits d'ascètes que nous a légués le sombre génie des maîtres espagnols.

« Monsieur le Supérieur, deux points pour nous, je vous prie, balbutia un abbé tout essoufflé.

— Marquez vous-même! » répondit M. Capdepont montrant dédaigneusement le carnet.

Il arpenta la cour d'un pas lent et roide, portant la tête droite et lançant dans toutes les directions des regards pleins d'autorité. Soudain il tressaillit. La porte de la chapelle, située au fond, le long des remparts, venait de s'ouvrir, et, sur le seuil, était apparu un petit vieillard vêtu d'une soutane violette râpée et se soutenant sur une canne à pomme d'or.

« Monseigneur! Monseigneur! » crièrent les abbés, dont les jeux cessèrent incontinent.

L'abbé Rufin Capdepont, sans se départir de son allure mesurée, s'avança vers l'évêque.

« Vous tardez bien à venir nous faire agréer vos excuses, monsieur le Supérieur, lui dit Monseigneur de Roquebrun, irrité du peu d'empressement qu'on mettait à lui faire accueil.

— J'ignorais absolument que je dusse des excuses à Votre Grandeur, répondit l'abbé Capdepont d'un ton rogue.

— Lorsqu'un ecclésiastique de votre rang montre si peu de condescendance pour les ordres de son évêque, il lui doit toujours des excuses. Cent fois j'ai interdit le jeu de la balle. Pourquoi pas le *cheval fondu*, alors?...

— En maintes circonstances, j'ai fait observer à Monseigneur que, de temps immémorial, dans nos séminaires du Midi, ces amusements...

— Non, monsieur! Voici bientôt dix ans que vous vivez en état de complète révolte contre votre évêque. Tout à l'heure, dans cette chapelle, il m'a été impossible de me recueillir, tant était grand le tumulte qui se faisait aux alentours. Sont-ce ces jeunes gens à la soutane retroussée que vous comptez envoyer prochainement à l'Ordination? En vérité, je reste confondu du peu de décence de vos jeunes clercs, et je me reproche de vous avoir laissé jusqu'ici la direction de cet établissement.

— **Je ne suis pas jaloux de la conserver,**

et Votre Grandeur peut en charger quelqu'un de plus digne.

— Ce qui veut dire, pour qui vous connaît, que vous me mettez au défi de découvrir, dans le diocèse, un prêtre capable de vous remplacer... Quel orgueil!

— Je suis affligé que Monseigneur donne à ma pensée une interprétation qui pourrait paraître dénuée de justice et de charité. »

Cette observation, glissée d'un ton de parfaite convenance et d'un air de soumission admirablement joué, porta au comble l'irritation de Monseigneur de Roquebrun. Nous devons déclarer, du reste, que, si les lèvres de l'abbé Capdepont avaient articulé des paroles humbles et douces, ses yeux, éclairés d'un feu sombre, avaient foudroyé l'évêque d'un regard terrible.

« Monsieur l'abbé, dit le vieillard, dont la face s'était empourprée subitement, prévenez les directeurs de mon grand séminaire que je les attends dans la *Salle des Conférences*. J'ai à leur faire une communication des plus graves. Pour peu que vous teniez vous-même à connaître nos décisions épiscopales, il vous est loisible d'accompagner ces messieurs. »

Monseigneur de Roquebrun rentra dans la chapelle, et, d'un mouvement brusque, en poussa la porte qui se referma bruyamment.

II

MONSEIGNEUR DE ROQUEBRUN

La *Salle des Conférences* était l'ancienne salle capitulaire des Minimes. D'étroites fenêtres, de forme ogivale, obstruées par les croisillons de pierres et le feuillage des grands ormes, ne laissaient pénétrer dans cette vaste pièce, dont la haute voûte aux arêtes vives était supportée par trois gros piliers, qu'un jour blafard et incertain. Des stalles en chêne massif, travaillées par le ciseau toujours brutal, parfois sublime, d'un artiste inconnu, se déployaient le long des murailles, et se reliaient, sur le panneau principal envisageant la porte d'entrée, à la stalle de l'Abbé, sorte de trône auquel on accédait par cinq marches, et que surmontait, sculpté dans le bois noir, le profil énergique de saint François de Paule, fondateur de la communauté.

En pénétrant dans la Salle des Conférences, Monseigneur de Roquebrun prit le chemin du siège abbatial et s'y assit. Les directeurs arrivaient l'un après l'autre, lentement. L'évêque, peut-être pour se recueillir devant Dieu à l'heure d'un grand dessein, peut-être seulement pour donner à l'abbé Rufin Capdepont, qui tardait à paraître, le temps d'arriver à son tour, garda le silence pendant quelques minutes.

Enfin le Supérieur entra. Le front penché en avant, les yeux attachés aux dalles, — sans doute il craignait d'être tenté de les diriger de nouveau *contre* son évêque, — il s'achemina vers la dernière stalle vide, dont machinalement il releva le champignon de bois pour s'appuyer. Ce mouvement, si simple en lui-même, frappa Monseigneur de Roquebrun. Son esprit prévenu crut voir là une intention bien nette de lui manquer de respect.

« Monsieur l'abbé Capdepont, dit-il, incapable de se contenir, je suis ici chez moi, et je n'ai encore autorisé personne, que je sache, à s'asseoir. »

Comme le cheval à qui l'on vient d'enfoncer l'éperon jusqu'au sang, le Supérieur, d'un mouvement hardi, releva la tête.

« Monseigneur, répliqua-t-il, le quatrième concile de Carthage recommandait à l'évêque de ne jamais permettre, lui étant assis, qu'un de ses prêtres se tint debout : « *Episcopus, in quolibet loco sedens, non patiatur stare presbyterum...* »

— Monsieur, vous êtes un excellent professeur d'*histoire ecclésiastique*; je pense néanmoins qu'il serait de bon goût, quand vous parlez à votre évêque, de vous départir de vos habitudes professionnelles. Votre science des conciles me ravit; mais peut-être conviendrait-il d'ajouter à tout ce fatras quelque peu de savoir-vivre. »

Ces dernières paroles furent lancées avec une finesse impertinente, où certainement le gentilhomme avait mis plus du sien que l'évêque.

« **Messieurs**, ajouta-t-il coup sur coup

pour atténuer l'effet de sa riposte trop vive, je vous invite à vous asseoir. »

Il y eut un long moment de silence.

« Messieurs les directeurs, dit enfin Monseigneur de Roquebrun d'un ton grave et apaisé, quand, il y a dix ans, je vins prendre possession du siège de Lormières, mon premier soin fut de m'appliquer à suivre en tout les traces de mon très saint prédécesseur. Néanmoins, après quelques mois de séjour, je compris qu'il y avait, dans ce diocèse, bien des réformes à réaliser. J'en ai tenté quelques-unes. Nul d'entre vous n'a oublié sans doute la réforme entière de notre liturgie. Si je n'ai pas essayé la plus importante, — j'entends parler de celle du grand séminaire, — c'est que des difficultés immenses, presque insurmontables, se dressaient devant moi. Avant d'appeler des prêtres réguliers à la direction de cet établissement, ne devais-je pas me préoccuper de créer à chacun de vous une situation honorable? Or, dans un diocèse pauvre comme le nôtre, où découvrir des compensations dignes d'ecclésiastiques dont je pouvais ne pas partager toutes les idées, mais dont je ne cessai, en mille circonstances, de reconnaître l'intelligence et la piété?... Et pourquoi ne point avouer que, en dépit de ma conviction ancienne que les Réguliers sont plus aptes que les Séculiers à former les jeunes lévites, j'espérais toujours voir les choses prendre ici meilleure tournure, et ne pas en être réduit à des changements que j'accomplis aujourd'hui avec le plus profond regret... »

L'évêque s'interrompit. Il promena un regard scrutateur autour de la salle pour juger de l'effet de sa courte allocution.

Cet effet avait été écrasant. Sauf deux ou trois, fermes devant l'orage, toutes les têtes se tenaient penchées, dans une attitude consternée. Ceux qui ont vécu parmi les prêtres savent combien ces hommes, timorés pour la plupart, opposent peu de ressort moral aux catastrophes qui menacent leur position matérielle. Beaucoup sont capables de mourir pour leur Dieu, qui se troublent devant la complication la plus vulgaire de la vie.

L'un des directeurs, l'abbé Mical, professeur de *théologie morale,* un petit homme à mine chafouine, mince et grêle comme un roseau, se leva.

« Depuis votre arrivée parmi nous, Monseigneur, dit-il d'une voix flûtée, vous avez rempli Lormières et le diocèse de Religieux. Oserai-je demander à Votre Grandeur si c'est aux Jésuites ou aux Maristes ou aux Dominicains, qu'est réservé l'honneur fort périlleux de nous remplacer? »

Un blâme ironique perçait sous chacun de ces mots.

« Auriez-vous la prétention de m'obliger à vous rendre compte des actes de mon administration, monsieur Mical? riposta hautainement l'évêque.

— A Dieu ne plaise, Monseigneur!... Mais peut-être nos services mériteraient-ils qu'on eût pour nous quelques égards; peut-être aurions-nous le droit de savoir, avant de quitter cette maison, témoin de nos longs sacrifices, à qui désormais doit être confié le sort des élèves qu'on nous arrache des mains.

— Votre droit, monsieur, comme votre devoir, est d'obéir à votre évêque, chargé seul par Dieu et le Souverain Pontife de la direction suprême de ce diocèse. Vous n'avez point d'autre droit, entendez-vous?

— J'entends fort bien! » murmura le professeur de *morale*, qui se rassit.

L'abbé Turlot, professeur d'*écriture sainte*, à son tour se mit debout. C'était un gros homme, tout rond. La lymphe, trop abondante, lui avait fait un teint d'une blancheur suspecte.

« Monseigneur veut-il me permettre, hasarda-t-il d'un ton dolent, presque pleurard, de lui adresser une humble question?

— Parlez, monsieur l'abbé.

— Si les changements qui vont être faits dans le diocèse n'étaient pas encore arrêtés...

— Ils sont malheureusement arrêtés.

— Comment, tout est fini?...

— Fallait-il vous consulter, monsieur Turlot?

— Dans ce cas, Votre Grandeur voudrait-elle pousser la bonté jusqu'à me faire connaitre le poste qu'elle me destine? »

Monseigneur de Roquebrun prit son binocle d'or, et parcourut une grande feuille de papier que, depuis son entrée dans la Salle des Conférences, il tenait étalée devant lui.

« Monsieur l'abbé Turlot, dit-il, dès le lendemain de l'Ordination, que je fixe au 26 de ce mois, veille de la Très-Sainte Trinité, vous irez prendre possession de l'aumônerie des prisons, vacante par suite du décès de M. l'abbé Vidal.

— Moi, aumônier des prisons! Moi! balbutia le pauvre professeur d'*écriture sainte*, effaré et les yeux pleins de larmes. Mais, Seigneur-Jésus! où prendrai-je du courage, s'il me faut jamais accompagner un condamné à mort jusqu'à l'échafaud?

— Vous en demanderez à Dieu.

— Oh! Monseigneur, je vous jure que je ne pourrai...

— ... Après nous en être entendu avec Son Excellence le ministre de la justice et des cultes, poursuivit l'évêque, ne prêtant plus aucune attention aux doléances de M. Turlot, nous avons nommé M. l'abbé Mical curé-doyen de la Bastide-sur-Mont, canton de troisième classe. »

Le malicieux professeur de *morale* ne

sourcilla pas; il continua de jouer avec les glands de sa riche ceinture de soie, amusement qui lui était familier.

« ... Monsieur l'abbé Lavernède, continua Monseigneur de Roquebrun, nous vous nommons aumônier de l'Orphelinat fondé par nous à la Bastide-sur-Mont. — Emploi nouveau.

— Pauvre mère! » articula l'abbé Lavernède d'une voix étouffée.

L'évêque, saisi, le regarda.

« Est-ce que vous êtes souffrant, monsieur l'abbé? » lui demanda-t-il avec une nuance très délicate d'intérêt.

L'abbé Lavernède, professeur d'*éloquence sacrée*, le plus distingué des directeurs du grand séminaire, après l'abbé Capdepont, était horriblement pâle.

« Ce n'est rien, Monseigneur, balbutia-t-il. Ma mère... »

Il ne put achever.

« Votre mère?.... insista Monseigneur de Roquebrun, troublé.

— Elle a quatre-vingt-deux ans. Elle est infirme. Elle ne pourra supporter le voyage e Lormières à la Bastide-sur-Mont... Comment l'abandonner cependant? Elle n'a que moi... Mais n'importe! ajouta-t-il d'un ton plus raffermi, je suis prêtre, et ce n'est pas moi qui prononcerai jamais le terrible mot de l'Écriture : « *Non serviam*, je n'obéirai pas!... » Je suis dans les mains de Dieu et dans celles de mon évêque.

— Le langage que vous tenez là vous honore, monsieur l'abbé, dit Monseigneur de Roquebrun, dont une émotion subite humecta les petits yeux gris, et je regrette que mon secrétaire intime, qui vous respecte et qui vous aime, ne m'ait pas fait connaître quels devoirs touchants vous attachent à Lormières.

— Votre secrétaire est un étranger, et, à ce titre, il ne saurait lui être permis de s'intéresser aux prêtres diocésains, » interjeta l'abbé Rufin Capdepont sortant tout d'un coup de son impassibilité.

Confondu de tant d'audace, l'évêque considéra le Supérieur du grand séminaire avec une sorte de stupeur. Puis, d'un air de persiflage accablant :

« Peut-être, avec votre caractère abrupt, presque sauvage, ne savez-vous pas, monsieur, lui dit-il, que vous venez de commettre une impertinence ; si vous ignorez cela, je me hâte de vous l'apprendre. »

L'abbé Capdepont se mordit les lèvres et resta silencieux.

« Monsieur Lavernède, reprit Monseigneur de Roquebrun, nous prenons en considération les devoirs de famille qui vous retiennent dans notre ville épiscopale, et nous autorisons très gracieusement une permutation entre M. l'abbé Turlot et vous. M. Turlot ira à la Bastide-sur-Mont, et vous prendrez l'aumônerie des prisons, qui lui fait peur. »

Il déposa sur le large accoudoir de la stalle abbatiale son binocle, sa grande feuille de papier, et fit une pause.

Bien que l'évêque eût relevé par quelques mots fort durs l'interruption de l'abbé Rufin Capdepont, l'intrusion grossière de ce personnage, avec lequel il n'avait eu déjà que de trop nombreux démêlés, dans des affaires placées hors de sa compétence, l'avait blessé profondément. Du reste, ne venait-on pas d'attaquer son secrétaire intime, son ami, son enfant, l'abbé Ternisien, le modèle du prêtre, un saint ? C'était évident, il ne pouvait, sans forfaire à l'amitié, à Dieu ! passer outre à un tel affront.

Monseigneur de Roquebrun, nature de combat, trop irritable pour un ministère tout de conciliation et de paix, avait encore les nerfs frémissants. Il n'y tint plus, et, dévisageant le Supérieur du grand séminaire de la tête aux pieds :

« Il me semble, monsieur, lui dit-il, que vous vous êtes permis tout à l'heure de parler de M. l'abbé Ternisien. Expliquez-vous, je vous prie.

— J'ai seulement fait observer à Votre Grandeur, répondit l'abbé Capdepont, auquel l'abbé Mical avait furtivement tiré la manche, sans doute pour l'inviter au calme, que M. Ternisien, refusant d'intervenir à propos de M. Lavernède, avait parfaitement compris la réserve que lui impose sa situation d'étranger.

— Alors, c'est moi qui n'ai pas compris la réserve que m'imposait ma situation d'évêque, quand j'ai amené M. Ternisien dans ce diocèse ?

— Peut-être.

— Franchement, je suis charmé d'apprendre que c'est moi, moi seul, qu'il vous plaît d'honorer de vos attaques... Voyons, qu'avez-vous à me reprocher ?

— Ce que je vous reproche ? s'écria l'abbé Capdepont d'une voix stridente et faisant un pas en avant de sa stalle, je vous reproche, avec votre soif de réformes, de ne pas nous permettre de fêter nos Saints, d'avoir, en quelque sorte, aboli le *Propre* du diocèse de Lormières, un des plus anciens et des plus glorieux du martyrologe de l'Église de France[1]. Je vous reproche une administration tatillonne et tracassière, funeste surtout aux pauvres desservants, que vous déplacez pour les motifs les plus futiles... Je vous reproche une hauteur de parole et d'attitude, qui peut bien ne point paraître déplacée dans la caste à laquelle vous êtes si fier d'appartenir, mais qui le fut toujours dans l'Église, où le Divin Maître a proclamé l'égalité de tous. Il y a peu de jours encore,

---

1. Le *Propre*, petit livre contenant les offices des Saints particuliers à chaque diocèse.

n'avez-vous pas répondu au succursaliste de Moutiers, qui vous demandait humblement si vous le laisseriez longtemps dans sa nouvelle paroisse : « — *Quamdiu nobis placuerit,* aussi longtemps que cela nous fera plaisir. » — Je vous reproche enfin d'avoir livré le diocèse, comme une proie, à l'appétit des Réguliers. Est-il, dans ce département, une ville, un village, où le clergé paroissial n'ait à lutter contre l'empiètement des corporations religieuses ? Partout, jusque dans le coin le plus reculé de nos montagnes, les Maristes, les Pères de l'Espérance, les Passionnistes édifient des chapelles, ouvrent des oratoires, et affament vos prêtres, désarmés devant cette invasion... Oh! je n'ignore pas qu'à Rome on vous sait gré de tant de condescendance, et que, en retour de si généreux sacrifices, vous avez reçu dernièrement le droit de revêtir la *cape-magne* et de porter la croix de Grégoire le Grand. Ces honneurs ont leur prix, mais votre clergé trouve qu'ils sont trop chèrement achetés...

— Prenez garde, monsieur, interrompit l'évêque avec une indulgence moqueuse, faite pour exaspérer l'abbé Capdepont, entre nous, je crois que vous allez un peu loin. Vous connaissant de longue main, je puis trouver de nulle conséquence vos emportements envers moi, — vous m'y avez habitué ; — cependant, si vous poussiez l'audace jusqu'à attaquer les décisions du Souverain Pontife...

— L'octroi d'une décoration et d'un vêtement de soie n'est certes pas une décision dogmatique, et ce que j'ai dit de ces colifichets de la vanité sacerdotale ne saurait être considéré comme une attaque au Saint-Père, que je respecte et que j'honore.

— Voilà enfin de la modération, je vous en félicite... Continuez... »

L'invitation ironique de l'évêque déconcerta le terrible Supérieur du grand séminaire. Il resta un moment au milieu de la Salle des Conférences, car, à son insu, il s'était avancé jusque-là. Il regarda vaguement à travers l'espace. Il épongea son front, parsemé de grosses gouttes brillantes. Enfin, son extrême fureur intime ne lui permettant plus de renouer le fil de ses idées, il fit un bond par-dessus toutes les invectives qu'il avait à jeter encore à la face de Monseigneur de Roquebrun, et se contenta, pour se ménager une retraite honorable après une action si chaude, de renouveler la question de l'abbé Mical.

« Puis-je demander, à mon tour, Monseigneur, dit-il, si ce sont les Maristes, ou les Dominicains, ou les Lazaristes qui doivent prendre, après nous, possession de cet établissement?

— Cela vous préoccupe donc bien?

— Il serait étrange qu'il en fût autrement, quand on nous contraint à léguer à ceux qui doivent venir le plus précieux des héritages, un héritage d'intelligences d'élite, de cœurs simples et pieux.

— Soyez satisfait : ce sont les *Pères de l'Instruction Catholique,* du diocèse d'Arras.

— Les *Pères de l'Instruction Catholique!* s'écria l'abbé Capdepont se cabrant de nouveau. Mais cette corporation est absolument inconnue. Quoi! C'est pour ces messieurs que vous nous chassez?

— C'en est trop! riposta Monseigneur de Roquebrun, lassé enfin et résolu à en finir... Je suis votre évêque, monsieur, ajouta-t-il avec une grande dignité, et je vous somme d'aller occuper, dès le 27 de ce mois de mai, votre place de chanoine titulaire au Chapitre de Saint-Irénée, si vous ne voulez être chassé de là comme d'ici.

— Vous êtes le maître ! » articula l'abbé Capdepont d'une voix profonde et regagnant sa stalle à pas lents.

Par un mouvement brusque des jarrets, le vieil évêque se mit debout. L'indignation l'avait soulevé.

« Monsieur l'abbé, dit-il, vous venez de prononcer des paroles qui respirent la haine et peut-être le désir de la vengeance. Je n'ai pas oublié, monsieur, que lorsque, par le libre choix du Souverain Pontife, je fus nommé évêque de Lormières, vous étiez sur les rangs pour obtenir le siège que j'occupe. Il était donc inutile de me rappeler ce souvenir par vos outrages. Grâce à vos nombreux protecteurs de Paris, — je ne dis pas de Rome, — il se peut que vous soyez un jour élevé à l'épiscopat; en attendant, vous obéirez à la première autorité du diocèse, ou cette autorité vous brisera. »

Malgré l'abbé Mical, qui essaya de le retenir, l'abbé Rufin Capdepont, dont tout le sang bouillonnait, s'inclina et sortit.

L'abbé Lavernède se leva.

« Monseigneur, dit-il, je regrette que mon nom ait servi de prétexte à une scène tout à fait déplorable. Je vous prie de croire que je n'avais nullement chargé M. le Supérieur du grand séminaire de défendre mes intérêts auprès de Votre Grandeur. Il y a bien des années que, entre M. l'abbé Capdepont et moi, il n'existe d'autre lien que le lien obligé de la hiérarchie.

— Messieurs les directeurs, reprit l'évêque, qui recouvrait un peu de sang-froid, je pourvoirai prochainement ceux d'entre vous à qui je n'ai pas assigné de poste. »

Et, après avoir serré la main à l'abbé Lavernède, — honneur qu'il ne prodiguait pas, — il prit son chapeau, sa canne, et quitta le grand séminaire sans regarder derrière lui.

III

RUFIN CAPDEPONT

Monseigneur de Roquebrun n'était pas homme à se faire illusion : le coup qu'il venait de frapper était terrible, et la guerre sourde que lui avait déclarée son clergé, travaillé par l'abbé Capdepont, ne pouvait manquer d'éclater plus ouvertement.

Malgré des préoccupations poignantes, le petit vieillard s'aventura seul à travers les rues tortueuses du Quartier des Couvents, faisant résonner sa canne sur le pavé caillouteux et s'arrêtant, ainsi qu'il en avait la douce habitude, aux portes des maisons pour bénir et pour caresser les enfants. Comme le temps était beau, et que, d'ailleurs, sa tête, mise en ébullition par la séance si orageuse du grand séminaire, avait besoin d'être rafraîchie à l'air extérieur, il poussa jusqu'au Quartier des Papeteries.

Monseigneur de Roquebrun aimait le Quartier des Papeteries, qu'il visitait de temps à autre, entrant dans les fabriques, où il était accueilli avec les marques de la plus respectueuse sympathie, se glissant dans les plus humbles ménages et y distribuant des aumônes.

« Monseigneur, montez chez moi! Montez chez moi! » criaient les femmes en l'avisant au bout de la rue.

Lui, simple comme un apôtre, malgré les fiertés que lui reprochait l'abbé Capdepont, gravissait le perron branlant, prenait une chaise de grosse paille et s'installait. Alors pleuvaient les sempiternelles jérémiades : — Le pain avait renchéri..., l'homme était malade..., les mioches manquaient de vêtements... — Le bon évêque donnait, donnait, donnait.

Tout le monde savait que, en arrivant dans le diocèse, Monseigneur de Roquebrun était riche, et qu'il était pauvre aujourd'hui. Dernièrement encore n'avait-il pas vendu sa voiture et ses chevaux pour aider un pauvre industriel à ses débuts à relever les murailles de son usine, emportées par une crue subite de l'Arbouse ? Aussi désormais allait-il à pied, trouvant un charme indicible à ce nouvel état.

« Je vois mes pauvres de plus près, » disait-il à l'abbé Ternisien, lequel, possesseur d'une belle fortune et redoutant pour ce vieillard qu'il idolâtrait de trop grandes fatigues, voulait lui faire présent d'un nouvel attelage.

Si l'évêque de Lormières eût pu maîtriser certaines pétulances du sang, qui le poussaient parfois à des paroles extrêmes, il n'est pas douteux pour nous qu'il eût obtenu la popularité sainte des Cheverus et des Miollis. En fait de charités, de bienfaisances de toutes sortes, sa vie n'avait rien à envier aux vies si dévouées, si noblement remplies de ces deux grands exemples de l'épiscopat français.

Cependant, hâtons-nous de le dire, les **torts de Monseigneur de Roquebrun, en ce qui concerne particulièrement sa visite au grand séminaire**, résidaient plus dans l'apparence que dans la réalité. Dès son arrivée à Lormières, il avait accablé l'abbé Rufin Capdepont de cajoleries délicates, dans le dessein de se l'attacher. Mais rien ne put amener à la sympathie ce caractère impérieux et dur. En vain l'évêque, qui de bonne heure avait flairé l'ambition chez le Supérieur du grand séminaire, obtint-il pour lui du gouvernement la croix de la Légion d'honneur ; en vain, pour augmenter son revenu, le nomma-t-il plus tard chanoine titulaire de Saint-Irénée, l'abbé Capdepont se renferma dans les limites d'un strict remerciement, et n'articula jamais une parole permettant d'espérer qu'on eût entamé son cœur. Dans le fond, le Supérieur ne pardonnait pas à Monseigneur de Roquebrun d'occuper le siège qu'il avait guigné, qui, prétendait-il, lui avait été promis ; il ne le lui pardonnerait jamais. Pour cet homme indomptable et farouche, l'évêque actuel de Lormières était un usurpateur, il n'était rien de plus.

Mais arrêtons-nous un moment devant cette physionomie très caractérisée et très singulière.

L'abbé Rufin Capdepont était né vers 1815, à l'extrémité du diocèse, sur la frontière d'Espagne, dans le petit village de Harros. Il vint à Lormières à vingt ans seulement, pour entrer au grand séminaire. Ses études classiques avaient été bâclées à la diable, au hameau natal, par un vieux curé, plus soucieux de tendre des filets aux truites dans les eaux poissonneuses de la montagne que de défricher l'intelligence du jeune Rufin. Heureusement la terre était bonne, et, quelque négligence que l'on mit à jeter la semence, les rares grains tombés de temps à autre dans le sillon levèrent si rapidement que l'élève demanda lui-même de nouveaux maîtres et voulut quitter le pays.

Les débuts de Capdepont au grand séminaire, où il entra comme boursier du diocèse, ne furent pour lui ni sans amertume ni sans souffrance. Les jeunes gens, même ceux sur qui pèse la discipline la plus dure, ont les travers de leur âge : ils sont moqueurs, taquins, agressifs. Au séminaire, comme partout ailleurs, il faut que jeunesse se passe. Or, Rufin Capdepont, dont les traits heurtés dans le courant des années s'étaient fondus harmonieusement, dont le visage avait pris à la longue un caractère de rigidité froide qui n'était ni sans distinction ni sans noblesse, avait, à vingt ans, une face anguleuse et blafarde, des yeux à teinte jaunâtre qu'on eût dit troués avec une vrille, un nez long et plantureux, fendu au bout par une entaille très apparente, une chevelure embroussaillée, à pointes vives comme un buisson de houx.

« Quel museau ! Quel museau ! » lui criaient ses camarades, gambadant autour de lui.

Il eût dû rire. Mais non, ses poings se crispaient. Volontiers, il eût fondu sur ses ennemis.

Un jour, le tonsuré Mical, malin comme un singe, ayant raillé la façon désordonnée et sans goût dont le naturel de Harros plantait son rabat autour de son long cou de cigogne, celui-ci s'élança le bras levé ; puis, réprimant ses ardeurs sauvages, il s'éloigna, et alla verser en un coin isolé les pleurs de rage qui lui remplissaient les yeux.

Une chose déplaisante chez les Méridionaux, c'est leur manie d'infliger des surnoms. Par quel sobriquet désignerait-on le nouveau séminariste? Ces têtes juvéniles travaillaient.

Un matin, à la leçon d'*histoire ecclésiastique*, le professeur adressa cette question au jeune Rufin :

« Pourriez-vous me nommer quelqu'un des rois qui, avec Cyrus, coopérèrent à la prise de Babylone?

— Tigrane, roi d'Arménie, » répondit l'abbé Capdepont.

Tous ses condisciples, ébahis, le regardèrent.

Le mot que l'on cherchait était trouvé.

« Eh, *Tigrane! Tigrane!* » lui cria-t-on de toutes parts, quand l'heure de la récréation fut venue.

Pour le coup, le vigoureux paysan de Harros ne put se contenir, et, s'en prenant à l'abbé Lavernède, le premier de ses camarades qui lui tomba sous la main, il le saisit d'un poignet nerveux et le renversa brutalement sur le sol.

« Ah! tigre!... Tu es un tigre! » gémit le malheureux Lavernède, dont le genou droit, entamé, avait laissé plus d'une goutte de sang aux cailloux aigus de la cour.

Mais Capdepont eut beau jouer des bras, on avait deviné ses instincts, et on ne l'appela plus désormais que l'*abbé Tigrane*.

Que faire cependant? Comment imposer quelque trêve à des persécutions devenues intolérables? Son orgueil ne montra à Capdepont qu'une voie ouverte pour obtenir ce résultat important : il fallait qu'il s'élevât au-dessus de tous, et par la régularité de sa conduite et par son assiduité au travail. Le jour où il serait le premier élève de sa classe, où les directeurs rendraient publiquement témoignage de sa bonne tenue, qui oserait l'attaquer?

Il en alla ainsi qu'il avait voulu. Huit mois après son entrée au grand séminaire, l'abbé Rufin Capdepont, par des succès continus, avait conquis tous ses maîtres et réduit au silence ses condisciples, tout ahuris, tout penauds de l'avoir si longtemps méconnu.

Aux vacances, quand chacun volait joyeusement vers sa famille, notre jeune ecclésiastique, dans toute la ferveur de ses études, sollicita et obtint la permission de ne point quitter le grand séminaire.

Au fait, qu'irait-il faire dans ses montagnes ? Revoir sa mère ? Mais sa mère se portait bien : il le savait. Revoir le vieux curé, son premier précepteur ? Mais quel profit intellectuel retirerait-il de cette visite ? Au moins s'il eût dû trouver, à Harros, l'inépuisable bibliothèque qu'il pouvait consulter ici à toute heure, à toute minute ! Il resta, passant ses journées dans la lecture ou la méditation, ses soirées dans des entretiens, devenus de plus en plus familiers et cordiaux, avec les directeurs.

Oh ! alors, que de discussions, de débats, de dissertations dans les grandes cours vides des *Sous-Diacres* et des *Tonsurés*, à la lueur des étoiles ! Dans ces luttes entre professeurs, luttes où le jeune abbé n'osait encore placer son mot, son esprit toujours en éveil s'aiguisait singulièrement à l'argutie scolastique. Quand pourrait-il parler avec la même facilité, la même abondance, le même éclat que ses maîtres ?...

Après les affaires les plus chaudes à propos de *dogme*, de *morale*, d'*histoire ecclésiastique*, les professeurs qui s'étaient le plus vivement combattus dormaient depuis longtemps, tandis que lui, voulant se faire une opinion sur le cas en litige, descendait à pas de loup à la bibliothèque, recherchait les textes cités, et passait souvent à cette besogne la plus grande partie de la nuit.

L'abbé Rufin Capdepont reçut les ordres mineurs; puis, un an après, le sous-diaconat.

C'est vers cette époque que, se voyant irrévocablement engagé dans la cléricature, il songea, pour la première fois, à diriger ses facultés vers les études qui pouvaient le plus utilement servir sa carrière. La *casuistique* n'était pas décidément son fait. Sa nature ardente, passionnée, demandait plutôt à batailler contre les hommes que contre des subtilités oiseuses, et il lui parut que l'*histoire* était le vrai domaine où se complairait son esprit. Or, quelle histoire plus attachante, plus grandiose, que l'histoire ecclésiastique, laquelle, durant des siècles, résume l'histoire du monde?... Quel intérêt! les papes établissant l'unité de doctrine; les papes, rois effectifs de l'univers, donnant l'investiture des royaumes; les papes pétrissant en quelque sorte l'Europe et tirant du type divin du gouvernement de l'Église toutes les monarchies terrestres. Puis quel rêve! Dire que jusqu'à ce trône de la Papauté, le plus haut de tous et le plus éclatant, Sixte-Quint, un simple gardeur de pourceaux, avait pu s'élever un jour!

A son insu, Capdepont, comme affolé par la splendeur de ses visions, songeait que, lui aussi, tout enfant, dans les forêts de chênes qui dominent Harros, il avait plus d'une fois mené les marcassins à la glandée. Du reste, son patron, *Tyrannius Rufin*, lui indiquait nettement de suivre cette voie : n'avait-il pas traduit lui-même en latin, vers le commencement du v° siècle, l'*Histoire ecclésiastique* d'Eusèbe de Césarée?

A vingt-cinq ans, l'abbé Capdepont fut ordonné prêtre et attaché, en qualité de vicaire, à la paroisse de Saint-Frumence, à Lormières. L'évêque, à qui était arrivé le retentissement de ses succès scolaires, avait tenu à ne pas placer trop loin de lui un sujet aussi distingué.

Mais, en dépit de nouveaux témoignages de bienveillance qu'il reçut de Monseigneur Grandin, quatrième successeur de Monseigneur de la Guinaudie, au bout de deux ans seulement de vicariat, à Saint-Frumence d'abord, puis à Saint-Irénée, Capdepont se sentit gagné par un insurmontable ennui. Administrer les sacrements aux malades, enterrer les morts, confesser des dévotes incorrigibles, cette besogne, accomplie toujours sans le moindre murmure, dans le fond l'excédait affreusement. Où, d'ailleurs, tous ces devoirs si ponctuellement remplis le mèneraient-ils? Peut-être, au bout de vingt ans, serait-il nommé curé-doyen de quelque pauvre canton dans les montagnes. Était-ce donc pour cela qu'il avait tant pâli sur les livres, qu'il étudiait encore avec une sorte d'acharnement, et préparait, pour un célèbre éditeur de Paris, une traduction nouvelle, avec des notes, des œuvres de saint Thomas d'Aquin? Il fallait, coûte que coûte, tourner bride à une vie absorbée dans de si mesquines pratiques, noyée, pour ainsi dire, dans des vulgarités professionnelles auxquelles tant d'autres suffiraient mieux que lui.

Hélas! comment secouerait-il le joug? Comment conquerrait-il sa liberté?...

Il avait son plan.

Dans les salons de l'évêché, où Monseigneur Grandin recevait tous les huit jours l'aristocratie de Lormières, entraînée par le vicomte de Castagnerte, Rufin Capdepont, invité de temps à autre avec les hauts dignitaires du diocèse, avait fait la connaissance du baron Thévenot. Ce Thévenot, ancien industriel du pays, enrichi dans la fabrique du papier, depuis 1830 remplaçait M. de Castagnerte à la Chambre des députés, et c'était à sa docilité envers le ministère, autant qu'à son effacement très persévérant, qu'il devait son titre de baron. Au demeurant, homme aimable, instruit, fort renseigné sur les questions financières, industrielles, et capable de rendre des services dans les commissions.

Vers 1833, Thévenot avait épousé, à Paris, une demoiselle Balandier, fraîche, jolie.

un peu évaporée, au dire des langues nobles du Quartier des Couvents, laquelle, après le terme de rigueur, l'avait gratifié d'un gros garçon blanc et rose, un magnifique poupard allemand.

Que ferait-on de ce nouveau venu? A quelle éducation pourrait-on bien accommoder ce futur baron?

Cette double question, ce n'est pas le père de l'enfant qui se la posa, mais Capdepont, la première fois qu'il rencontra le député de Lormières, accompagné de son inévitable Edmond. Quelle œuvre, en effet! Obtenir son *exeat* du diocèse, et suivre à Paris le baron Thévenot, comme précepteur de son fils!... Paris!...

Rien ne résiste aux hommes aussi vigoureusement trempés que notre âpre montagnard de Harros. Embusqué derrière la baronne Thévenot, que son éloquence fiévreuse avait persuadée, l'abbé Capdepont vainquit le mauvais vouloir de son évêque, entêté à le vouloir garder auprès de lui; il vainquit la résistance du député, résolu à faire suivre à Edmond les cours libéraux du lycée Saint-Louis, et, finalement, comme la session allait être ouverte, il quitta Lormières, bien et dûment affermi dans la position qu'il avait convoitée.

On était aux premiers jours de 1843.

La maison Thévenot avait trouvé son maître.

Il est des tempéraments que les circonstances fatales de la vie confinent en vain dans des situations inférieures : ils brisent le cadre étroit où l'on avait prétendu les réduire et débordent sur tout ce qui les environne. Tout d'abord, Rufin Capdepont parut se renfermer strictement dans ses devoirs de précepteur; mais, au bout de trois mois, ayant fait une absence de quelques jours pour aller visiter, à Saint-Germain, un sien ami, M. Jérôme Bonnardot, parent éloigné du ministre des cultes, on constata, rue de Lille, à l'hôtel du député de Lormières, qu'un vide immense s'était fait tout à coup. Non-seulement Edmond, désœuvré, demanda son précepteur; non-seulement la baronne, qui ne savait plus acheter un bout de dentelle sans consulter l'abbé, souvent fort empêché, le réclama à cor et à cris; mais le baron, habitué à retrouver, à son retour de la Chambre, les conseils de Capdepont, peut-être ses ordres, déclara qu'il ne pouvait plus vivre sans lui et eut la naïveté de le lui faire savoir.

L'abbé rentra rue de Lille comme un triomphateur. Il ressaisit énergiquement tous les fils du gouvernement de l'hôtel Thévenot, fils qu'il avait démêlés patiemment, et songea désormais à en faire les dociles instruments de son ambition. A trente ans, il ne pouvait compter qu'on le nommât évêque; mais l'épiscopat étant devenu son rêve incessant, tyrannique, il devait travailler, travailler sans relâche, à aplanir les sentiers qui y mènent inévitablement. Pour atteindre un but si haut, il saurait employer toutes les ressources placées sous sa main : et la fortune de M. Thévenot, et ses relations nombreuses, et son grand train de maison ; surtout il ne manquerait pas de tirer parti de l'étourderie spirituelle, charmante de la baronne, très répandue dans le monde officiel, et fort capable, si on parvenait à faire qu'elle s'y entêtât, d'ensorceler le ministre des cultes et de lui arracher, quand le moment serait venu, quelque engagement décisif.

Si, comme l'a écrit saint Clément d'Alexandrie, *l'habitude de la chasteté endurcit le cœur*, on peut dire que l'habitude de l'ambition le dessèche, et nous ne serions point parvenus à faire connaître le caractère de Rufin Capdepont si le lecteur avait soupçonné le moins du monde la nature de ses relations avec madame Thévenot. Ce prêtre au visage austère, à la parole brève, au geste impérieux, aurait été malvenu sur le terrain de la galanterie; il n'avait rien, absolument rien de commun avec les abbés musqués, fripons, libertins du siècle dernier.

Du reste, pourquoi ne pas déclarer tout de suite que Capdepont possédait à un degré très haut le sentiment de ses devoirs, qu'il était pieux, fidèle à toutes ses pratiques religieuses et capable de la plus rigide probité. Né dans les dernières couches sociales et, supplice atroce! tourmenté par un génie supérieur, il aspirait à émerger au-dessus de la bourbe natale, à envahir l'épiscopat ; mais le caractère ecclésiastique était resté entier chez lui, et nulle considération ne l'eût décidé à y porter atteinte. Il respectait la baronne Thévenot, il l'honorait ; seulement cette femme pouvait devenir un élément de succès pour la réalisation de son entreprise, et, emporté par la violence de son idée fixe, il l'employait aveuglément. L'ardeur de sa passion ne lui permettait ni de mesurer ni de sentir ce qu'il y avait de peu délicat en tout ceci, elle le rendait incompréhensiblement simple. Ce n'était pas de l'audace, encore moins de la corruption, c'était de la naïveté.

Jadis on recevait une fois par mois chez le baron Thévenot ; aujourd'hui, Capdepont exigea qu'on donnât à dîner toutes les semaines, et, chaque mardi, les portes de l'hôtel de la rue de Lille furent ouvertes aux invités.

Grande fut la surprise des pairs, des députés, des hauts fonctionnaires habitués de la maison, de voir peu à peu s'y infiltrer, comme à pas de loup, l'élément ecclésiastique. D'abord on ne vit qu'un rabat à table, le grand rabat de soie de l'abbé Capdepont; puis on en vit deux, puis trois, puis quatre.... Enfin, un soir, comme la conversation s'échauffait entre quelques voltairiens endurcis et le hautain précepteur d'Edmond, lequel s'efforçait d'être tout à tous, l'huissier annonça soudainement Monseigneur l'archevêque de Paris.

« Ah çà! mais Thévenot va donc à confesse? » ricanèrent quelques hommes chauves qui décampèrent vivement.

Le député de Lormières, un peu confus, allait peut-être s'en prendre à Capdepont et lui reprocher de le compromettre, quand il se sentit saisir par la main.

« A la bonne heure, baron, lui dit le malin marquis de Boissy, vous accueillez le clergé, qu'on voit de si mauvais œil au château; voilà du courage! »

Puis, se penchant vers une jolie femme :

« Adieu, chère amie, je reviendrai quand je voudrai me convertir. »

Et, à son tour, il s'esquiva.

Le 21 décembre 1847, le baron Thévenot, qui n'avait jamais abordé la tribune, en gravit tout à coup les degrés. On le devine, ce fut un ébahissement général.

« Où t'en vas-tu comme ça, mon petiot? » lui dit le président Dupin, qui le connaissait depuis 1840, et avait même paru quelquefois à ses mardis.

Le député de Lormières, sans s'émouvoir, commença un long discours sur les *Retraites ecclésiastiques.*

« Assez! assez! » criait la Chambre.

M. Thévenot poursuivit. Puis, ayant prononcé la dernière phrase de son sermon, laquelle était un texte tiré de saint Augustin, il descendit fièrement.

« Mais c'est une vraie capucinade, cela! s'écria le maréchal Soult.

— Pardon, vous n'y êtes pas, riposta Dupin aîné, c'est une *cap...deponade.* »

On rit, et les petits journaux s'amusèrent pendant huit jours.

Cependant, l'abbé Capdepont en arrivait à ses fins. Le 31 décembre, quelques jours après l'interminable harangue qu'il avait imposée au trop docile Thévenot, il apprit par M. Jérôme Bonnardot, lequel le tenait du ministre des cultes, que son nom venait d'être inscrit sur la liste des candidats à l'épiscopat.

Quelle joie!...

Malheureusement on parlait des banquets réformistes, et l'horizon politique allait de plus en plus se rembrunissant.

La révolution de Février éclata.

L'effarement fut grand à l'hôtel de la rue de Lille. Le baron Thévenot, à qui la peur donnait du courage, malgré les protestations de sa femme, fit faire les malles en toute hâte, et l'on partit pour Lormières.

Rufin Capdepont était grave : les évènements qui le surprenaient en pleine ascension vers son but et menaçaient de lui briser les ailes l'avaient jeté dans une sorte de consternation... Il revint néanmoins de sa stupeur, et l'on habitait depuis quinze jours à peine le Midi, qu'il s'était reconquis lui-même tout entier, avec sa même ambition et sa même énergie pour la réaliser.

A cette heure troublée, un seul bruit dominait le département : celui de l'élection d'une Assemblée constituante. Capdepont stimula le pauvre baron Thévenot, tout meurtri encore de sa chute profonde, et lui montra comme un devoir de se mettre en avant. Monseigneur Grandin devant adresser, pour recommander sa candidature, une circulaire aux desservants du diocèse, le succès était infaillible.

Hélas ! il arriva juste le contraire de ce qu'avait prévu l'infatigable abbé : les électeurs, jugeant M. Thévenot trop engagé dans le parti catholique, lui infligèrent le plus humiliant des échecs : quand il lui eût fallu quarante mille voix au moins, il en obtint à peine trois mille cinq cents.

Rufin Capdepont fit des réflexions sérieuses. Évidemment, le vaisseau sur lequel il s'était embarqué corps et biens faisait eau de toutes parts, il n'aborderait jamais à l'épiscopat. Son intérêt voulait, — peut-être l'intérêt du ciel l'exigeait-il aussi, — qu'il quittât la famille Thévenot avant son complet naufrage. Qui sait, d'ailleurs, s'il ne serait pas d'une merveilleuse adresse, quand les républicains reprochaient à l'ancien député de Lormières d'avoir livré son fils aux mains d'un prêtre, de placer Edmond dans un lycée ? Cet homme, habile et tenace dans ses visées, persuada ce qu'il voulut au malheureux Thévenot, écrasé autant par sa dernière déconvenue électorale que par la découverte des brèches faites à sa fortune par les prodigalités de Paris, et le départ d'Edmond pour le lycée de Toulouse fut décidé incontinent.

Le lendemain de l'éloignement de son élève, l'abbé Capdepont quitta la belle maison Thévenot, située au bord de l'Arbouse, non loin du Quartier des Papeteries, et alla s'enfermer au grand séminaire, où par une faveur spéciale, Monseigneur Grandin lui avait permis de faire une retraite de quelques jours.

Ce prêtre, dont la vie n'avait été jusqu'alors qu'une longue fièvre, avait besoin de se recueillir. Le moment pour lui n'avait jamais été plus solennel. De la décision qu'il allait prendre dépendrait tout son avenir.

Rencontrant son ancien condisciple, l'abbé Mical, lequel occupait, au grand séminaire, la chaire de *théologie morale,* il s'ouvrit à lui de ses plus intimes desseins, demandant un conseil, à cette heure de suprême angoisse. Quant à lui, il penchait pour un retour immédiat à Paris. Il renouerait avec toutes ses relations, verrait M. Jérôme Bonnardot, toujours disposé à le servir, quelques anciens pairs devenus représentants du peuple; enfin, il prendrait ses grades à la Faculté de Théologie et conquerrait le titre de professeur. La Sorbonne, sous tous les régimes, n'avait-elle pas été comme une pépinière d'évêques?

L'ironique Mical hocha la tête avec des airs d'incrédulité, et pressa son ami de ne point quitter Lormières.

« Et que faire ici? demanda Capdepont.

— Ici! ce que tu voudras. Tu seras Supérieur du grand séminaire en même temps que professeur d'*histoire ecclésiastique,* si cela te plaît.

— Il me semble que ces deux places sont occupées.

— Oui, mais le vieux Gaudron, perclus d'infirmités, demande chaque jour qu'on le remplace.

— Et mon évêché?

— Parbleu! tu seras évêque de Lormières.

— Alors, tu as un moyen de débarrasser le diocèse...

— De Monseigneur Grandin?... Mon cher,

il a une phtisie laryngée, c'est mon frère, le docteur Mical, qui me l'a dit. Ce mal fait souffrir longtemps, mais il vous entraîne. Tu pourras en causer discrètement avec mon frère...

— Je reste, s'écria Capdepont serrant la main à son ami, je reste ! »

Une fois Supérieur du grand séminaire, l'abbé Rufin Capdepont fut, dans le diocèse de Lormières, ce qu'il avait été dans le ménage de Thévenot : il lui fallut tout envahir. Dominant l'évêque, lequel s'était calfeutré dans son palais et n'en sortait plus, il s'occupa des moindres détails de l'administration, et ne négligea aucune occasion de faire sentir son autorité de Vicaire-Général, car il avait aussi arraché ce titre à la faiblesse de Monseigneur Grandin. Jugeant qu'il était bon, pour la réussite de ses projets ultérieurs, de connaître tous les desservants, il invita le prélat malade à se chauffer tranquillement, et manda de Paris, pour administrer la Confirmation, un évêque *in partibus* de ses amis, l'évêque de Jéricho, avec lequel il parcourut le diocèse à petites journées, depuis le chef-lieu du département jusqu'au plus misérable hameau.

« Messieurs, répétait partout Monseigneur de Jéricho montrant Capdepont, voici votre évêque futur. »

Enfin, vers le mois de juillet 1855, Monseigneur Grandin se décida à mourir.

Rufin Capdepont vola à Paris et chauffa tout son monde à blanc. Il vit l'archevêque, le ministre, quelques sénateurs, une douzaine de députés, il trouva même le moyen de se faire présenter à l'Impératrice, qui daigna l'accueillir avec la plus grande distinction.

Cependant, à l'*Hôtel du bon La Fontaine*, rue de Grenelle, où il était descendu, aucune nouvelle n'arrivait.

Enfin, un soir, M. Jérôme Bonnardot parut.

« Hé bien ? lui demanda Capdepont, dévoré par une cuisante anxiété.

— Mon cher ami, lui répondit M. Bonnardot, lequel, malgré la chute de son cousin, ministre du roi Louis-Philippe, avait conservé de nombreuses relations aux bureaux des cultes, le général comte de Roquebrun, sénateur, est allé à Compiègne et a enlevé la nomination de son frère, l'abbé Armand de Roquebrun, chanoine d'Arras. »

Capdepont, atterré, restait sans voix.

« ... Du reste, l'abbé de Roquebrun n'était pas un candidat nouveau, paraît-il : dès 1843, le cardinal de La Tour d'Auvergne l'avait désigné au roi, et la très pieuse reine Marie-Amélie l'avait recommandé chaudement... Voyons, du courage... Rentrez à Lormières ; la situation honorable que vous y occupez vous porte tout naturellement... Et puis, vous êtes jeune encore...

— Jeune ! j'ai quarante et un ans, monsieur.

— Eh bien ! Monseigneur de Roquebrun en a soixante.

— Monseigneur de Roquebrun, dites-vous? s'écria Capdepont avec une rage sombre... Tenez, ne me parlez pas de cet homme, je le hais ! »

IV

L'OFFICIALITÉ DIOCÉSAINE

En découvrant que toutes ses amabilités, ses prévenances à l'adresse de l'abbé Capdepont étaient en pure perte, Monseigneur de Roquebrun avait éprouvé un profond chagrin. Évidemment, c'était un ennemi irréconciliable qui se dressait devant lui, et il était de sa dignité de ne plus tenter un pas en avant. Ce qui l'affligeait surtout, c'était de voir son grand séminaire aux mains d'un homme dont les doctrines, à ses yeux, n'étaient rien moins qu'orthodoxes.

Rufin Capdepont, en effet, avait suivi le mouvement qui, dès les premières années de l'Empire, entraîna toute une partie du clergé vers les théories gallicanes. Peut-être ces prêtres, revendicateurs acharnés des libertés de l'Église de France, maintenues par le Premier Consul dans les célèbres articles organiques du Concordat, n'étaient-ils ni les plus honnêtes ni les plus purs ; mais, sans aucun doute, ils étaient les plus remuants, et Capdepont ne pouvait manquer de faire bande avec eux.

Monseigneur de Roquebrun entrait en de grandes colères, révolté qu'on eût choisi l'heure où les évènements accablaient le Souverain Pontife pour essayer de porter atteinte à son autorité.

« C'est une lâcheté ! C'est une lâcheté ! » répétait-il souvent à son secrétaire Ternisien.

L'évêque de Lormières souffrait donc cruellement. Mais comment se débarrasserait-il de l'abbé Capdepont, lui qui, dès les commencements de son épiscopat, ébloui par le savoir du Supérieur du grand séminaire, édifié par sa piété austère, l'avait tant vanté, à Rome comme à Paris ? Ah ! pourquoi son cœur, encore une fois, avait-il marché plus vite que son esprit !

Il est certain qu'il répugnait beaucoup à

ce vieillard d'avoir à se déjuger. S'il retirait Capdepont du grand séminaire pour lui confier un poste moins important, il s'exposait à ce que ce chanoine farouche lui jetât un refus à la face et partît incontinent pour Paris. Alors, que ne pouvait-il pas arriver? Qui sait si cet homme, égaré par la haine, ne déchaînerait pas tous ses partisans contre son ennemi? Qui n'était-il pas capable de convaincre, doué d'une immense habileté, d'une éloquence fougueuse et entraînante?

Certes, s'il se fût agi de lui seul, Monseigneur de Roquebrun sentait bien qu'il était de taille à engager la lutte. Mais à quoi bon affliger le Saint-Père, si malheureux, en provoquant dans l'Église un nouveau scandale? L'évêque de Lormières se souvint de l'évêque de Pamiers, arraché presque de son siège par les gendarmes, à la suite des intrigues de son clergé, et se résigna à supporter Capdepont comme un châtiment de ses péchés.

Mais les situations fausses n'engendrent qu'une fausse sécurité, et, malgré le dessein très ferme de Monseigneur de Roquebrun d'éviter le Supérieur du grand séminaire, l'évêque et le chanoine ne tardèrent pas à se rencontrer de nouveau face à face. Ces deux hommes avaient besoin de se heurter.

Il faut dire, du reste, que Rufin Capdepont mettait nous ne savons quelle rage à courir au-devant de son ennemi. L'évêque, pour la cérémonie la plus insignifiante, ne paraissait pas dans une chapelle soit des Dominicains, soit des Lazaristes, que Capdepont, qui pourtant détestait les Réguliers et n'en faisait pas mystère, ne se trouvât là, le harcelant de son regard haineux, l'invitant par toute son attitude provocatrice à lui livrer bataille sans marchander. *Tigrane* se tenait aux aguets, toujours prêt à s'élancer sur sa proie.

Cette fureur dans la persécution venait, chez le rude montagnard de Harros, du long martyre de son ambition. — « *Pour être bon dans la souffrance, il faut être plus qu'un homme,* » a écrit Lamennais. — En vain, depuis dix ans, toutes les fois qu'un évêché était devenu vacant, Capdepont avait-il fait le voyage de Paris ; en vain, pour qu'il ne pût être élevé aucun doute sur ses opinions à l'endroit du pouvoir civil, avait-il réédité, avec une préface très explicite, la fameuse *Déclaration* de Bossuet à l'Assemblée du Clergé en 1682 ; en vain, tout dernièrement encore, avait-il porté sa tête aux Tuileries, afin de faire tâter au célèbre professeur de la Sorbonne, chargé tout spécialement d'un cours de phrénologie cléricale, l'énorme bosse gallicane qui lui avait poussé sur le front ; on pourvoyait aux évêchés et on l'oubliait à Lormières. Prétendait-on ne jamais arriver à lui? A la fin, il se lassait d'attendre.

Dans son désespoir, Rufin Capdepont, dont le tempérament débordait sans digue, s'en prenait à tout ce qui vivait, respirait autour de lui, à l'abbé Mical, qu'il molestait sans cesse, qu'il battait, — un jour, il lui asséna un coup de poing qui le laissa étourdi pendant plus d'un quart d'heure, — surtout à Monseigneur de Roquebrun, qui lui avait volé son bien : la mitre, la crosse et l'anneau. L'Impératrice ne lui avait-elle pas dit, en novembre 1855, à Compiègne : « Vous le serez! »

On ne sait pas assez, chez les laïques, ce qu'est l'épiscopat pour un prêtre. Hier, vous étiez simple soldat dans une armée de quatre-vingt mille hommes, — il y a environ quatre-vingt mille ecclésiastiques en France ; — aujourd'hui, vous passez tout d'un coup général. La transition n'est pas plus ménagée que cela. Le desservant, le curé-doyen, le chanoine, le grand-vicaire, possèdent les mêmes droits canoniques restreints ; l'évêque seul possède le sacerdoce dans sa plénitude. Et puis, quelle situation autre dans le monde! Vous êtes prince de la sainte Église romaine ; on vous appelle *Monseigneur;* le Pape ne vous appelle plus que *Vénérable Frère;* s'il veut prononcer une décision relative à la réforme du dogme ou de la discipline, il ne peut le faire sans vous ; vous allez à Rome, *ad limina Apostolorum,* comme on dit, et l'on vous reçoit au Vatican avec la haute distinction accordée aux souverains. Qui sait si, maintenant que vous avez la mitre d'évêque, vous n'obtiendrez pas plus tard la barrette de cardinal? Qui sait même si, par le fait des révolutions dont nos temps ne sont pas avares, vous ne coifferez pas un jour la tiare? Urbain IV n'était-il pas le fils d'un savetier de Troyes? Jean XXII n'avait-il pas vu le jour à Cahors?

Ces rêves fous, l'imagination ardente de Rufin Capdepont les avait caressés délicieusement. Que de fois cet homme, né pour le commandement, au milieu du silence du cloître des Minimes, morigénait *ses* prêtres, opérait les réformes les plus radicales dans un diocèse fictif! Et, après tant de promesses, on lui manquait de parole! Et toutes les espérances de sa longue vie de torture allaient sombrer impitoyablement! On ne pensait donc pas à Paris, qu'il marchait sur ses cinquante ans? Ah! qu'on lui mît la crosse en main, et l'on en verrait de belles avec lui! Pour faire payer au gouvernement tant de lenteurs intolérables, il se sentait capable de tout, même de se tourner vers Rome et de se montrer aussi ultramontain que Monseigneur de Roquebrun.

Cependant l'évêque de Lormières, malgré l'assiduité irritante du Supérieur du grand séminaire à se précipiter sur ses pas, était parvenu à éviter d'échanger la moindre parole avec lui. Il feignait de ne pas apercevoir Capdepont, et passait dignement. Mais, à certains gestes involontaires, à une certaine crispation des traits, on devinait que le vieillard était à bout d'efforts et que la sagesse de l'abbé Ternisien, homme de concorde et de paix à tout prix, ne suffirait plus pour le retenir.

En effet, l'orage qui couvait depuis des années éclata formidablement à une séance de l'Officialité diocésaine.

Bien que membre de ce tribunal, Rufin Capdepont, retenu au grand séminaire par ses devoirs de Supérieur et de professeur d'*histoire ecclésiastique*, n'y avait jamais paru, quand, le 5 août 1865, pour l'affaire insignifiante d'un pauvre diable de desservant, accusé par le préfet du département de faire mauvais ménage avec son maire, il s'avisa tout à coup de venir occuper son siège.

« Monsieur Capdepont, lui dit l'évêque, président naturel de l'Officialité, vous arrivez trop tard : la cause est entendue et jugée.

— J'aurais pourtant quelques mots à dire.

— C'est d'un beau zèle, monsieur ; mais les conclusions sont formulées, et votre éloquence ne serait d'aucun profit pour votre client.

— Je n'ai pu parler, mon droit reste donc entier. »

L'évêque fit mine de se lever.

« Je proteste contre l'arrêt rendu ! » s'écria Capdepont furieux.

Et, sur son pupitre, il frappa un coup qui faillit en briser le couvercle.

Monseigneur de Roquebrun, que la grande chaleur d'un jour caniculaire incommodait déjà, à cet affront inattendu devint pourpre de colère.

« Monsieur, dit-il, dans ma longue vie ecclésiastique, j'ai vu des prêtres durs, ingrats, immoraux ; mais je n'ai rien rencontré qui vous ressemblât. Je vous accablai de faveurs, et toutes vous les retournâtes contre moi, vous en faisant une arme meurtrière pour me blesser. A qui devez-vous d'être membre de cette Officialité ? N'est-ce pas à votre évêque ? Et vous vous conduisez ici comme si les âmes charitables du diocèse de Lormières n'avaient rien fait pour vous, comme si vous étiez encore un paysan brutal et sauvage de Harros, comme si vous gardiez toujours des bêtes immondes dans les bois.

— Je suis prêt à verser dans la caisse diocésaine le prix de mes cinq années de grand séminaire, s'écria *Tigrane* bondissant sous l'affront.

— La caisse diocésaine n'acceptera rien de vous. Pour châtier votre farouche orgueil, je vous condamne à vivre sous le poids de l'aumône reçue.

— Une aumône ! Une aumône !

— Cela vous humilie, n'est-il pas vrai ? vous qui fûtes assez adroit pour vous glisser dans les Ordres sans dépouiller aucune des misérables passions humaines. Tenez, je voudrais que, en ce moment, tout le diocèse vous vit dans cette salle; il apprendrait combien vous étiez digne de devenir son boursier.

— Peut-être apprendrait-il aussi combien vous étiez digne de devenir son évêque ! » répliqua Capdepont levant un bras menaçant.

Monseigneur de Roquebrun était debout. Il resta tout interdit. Ses lèvres s'agitèrent, mais n'articulèrent pas un seul mot. Tout d'un coup sa face se revêtit d'une nuance violacée qui le défigura. Il s'affaissa dans son fauteuil. L'apoplexie l'avait foudroyé.

Tandis que tout le monde s'empressait autour de l'évêque, que l'abbé Ternisien poussait des cris de douleur, Rufin Capdepont, fort calme, recueillait sur son pupitre quelques feuilles de papier éparses, les pliait soigneusement, puis sortait à pas lents de la salle de l'Officialité.

Monseigneur de Roquebrun ne reprenant pas ses sens, on dut le transporter à l'évêché, et mander en toute hâte les médecins. L'abbé Lavernède courait à travers la ville, frappant à toutes les portes. Plusieurs praticiens accoururent, et l'on réussit à ranimer un peu le malheureux moribond.

Pendant plusieurs heures, l'inquiétude fut grande. Enfin le docteur Leblanc, médecin ordinaire de l'évêque, déclara que Sa

Grandeur en réchapperait, qu'il répondait désormais de ses jours.

A cette nouvelle, une joie délicieuse épanouit le visage baigné de larmes de l'abbé Ternisien.

Le pauvre secrétaire intime serrait avec attendrissement la main du docteur Leblanc, quand, à la porte de la chambre à coucher de l'évêque, surgit brusquement le docteur Mical, frère du professeur de *morale* du grand séminaire, ami intime de l'abbé Capdepont.

L'abbé Lavernède vola vers lui.

« Monsieur, lui dit-il, Monseigneur vous sait gré de votre empressement; mais Sa Grandeur désire n'avoir à son chevet que son médecin ordinaire, M. Leblanc.

— J'aperçois pourtant ici M. le docteur Barbaste, riposta Mical un peu déconfit.

— C'est vrai, monsieur; mais il est de la maison comme M. Leblanc.

— Ma foi, dit le pauvre homme, qui n'avait ni la malice, ni l'esprit de son frère, j'étais tout à l'heure au grand séminaire pour ma visite de chaque jour, et c'est M. l'abbé Capdepont qui m'envoie.

— Rapportez alors à M. Capdepont que Monseigneur est tout à fait hors de danger. Je ne doute pas que cette nouvelle lui fasse plaisir. »

Pendant que le docteur Mical descendait l'escalier, l'abbé Lavernède murmurait entre ses dents :

« Quel misérable, ce Capdepont ! Il voulait savoir s'il avait réussi à tuer Monseigneur. Ah ! *Tigrane ! Tigrane !* »

Le bruit de ce triste évènement s'était répandu dans Lormières, et tout le Quartier des Couvents, inquiet, s'était précipité vers l'évêché. Cette foule de gens discrets, polis, parlant à mi-voix, implorait la grâce d'une introduction auprès de Monseigneur, impatiente de prendre elle-même des nouvelles de celui qu'elle vénérait si profondément. Mais Monseigneur, dont l'action musculaire, un moment suspendue, se relevait peu à peu, fit un geste de refus, et l'abbé Ternisien congédia les nobles et les dévots du Quartier des Couvents, qui, du reste, se retirèrent sans bruit, comme ils étaient venus.

Cependant, le malheureux secrétaire intime n'en avait pas fini avec les terribles émotions de la journée. Le soir, vers les sept heures, à la tombée de la nuit, un grand tumulte se fit aux environs de la cathédrale. Brusquement, sous la pression d'une multitude énorme, la porte cochère de l'évêché céda, et un flot humain se répandit dans la cour de l'hôtel. C'était le Quartier des Papeteries qui, après son rude labeur de douze heures, venait, lui aussi, aux nouvelles.

L'abbé Ternisien s'élançait déjà vers ces braves ouvriers, accourus avec leurs femmes et leurs enfants, quand l'évêque le retint d'un signe.

« Eh quoi! vous voulez les voir, Monseigneur? »

Il fit un geste affirmatif.

« Je m'y oppose! intervint le docteur Leblanc.

— C'est impossible! insista le vicomte de Castagnerte, pour qui l'évêché était comme une annexe de sa propre maison, et qui était accouru le premier.

Monseigneur de Roquebrun se secoua violemment; puis, par un effort de volonté surhumain, déliant sa langue enchaînée par la paralysie :

« Ce sont mes pauvres ; qu'ils entrent! » articula-t-il très distinctement.

Ce fut un spectacle sublime et touchant que la présence de toutes ces faces rudes de travailleurs dans la grande chambre à coucher des évêques de Lormières. Les hommes se tenaient debout, la barrette à la main, dans l'attitude du recueillement et du respect ; les femmes étaient à genoux comme à l'église, les yeux noyés de larmes, priant ; les enfants regardaient avec curiosité.

Monseigneur de Roquebrun leva la main et les bénit.

« Dites donc, monsieur Ternisien, demanda un ouvrier, au moment où la bande compacte s'épanchait dans la rue Saint-Irénée, est-il vrai que c'est M. Capdepont qui a fait le coup ?

— Eh, mon Dieu! qui a pu vous dire cela, mon ami ?

— C'est la bonne de M. Leblanc. Elle a entendu comme ça M. l'abbé Lavernède qui le racontait au docteur.

— Cette femme s'est trompée; la chaleur seule est cause de ce malheur.

— Tant mieux pour M. Capdepont, reprit l'homme, car nous ne l'aimons pas, nous autres... Tenez! c'est un fameux *calotin* que ce grand diable de curé du grand séminaire! »

Pour ces braves gens, ni Monseigneur de Roquebrun, ni son secrétaire, n'étaient des *calotins*.

Mais, après ce long coup d'œil rétrospectif, indispensable pour la connaissance complète de nos personnages, hâtons-nous de rejoindre Monseigneur de Roquebrun. Il vient justement de quitter le Quartier des Papeteries et remonte à petits pas vers la haute ville.

V

LE JARDIN DE L'ÉVÊCHÉ

Comme l'évêque de Lormières entrait dans la rue Saint-Irénée, au bout de laquelle est bâti le palais épiscopal, un ecclésiastique, qui descendait cette même rue d'un pas rapide, accourut à lui vivement.

« Enfin vous voilà, Monseigneur! lui dit-il d'un air joyeux... Savez-vous qu'il n'est pas prudent de vous échapper ainsi, dans l'état où vous êtes encore?

— Ah! çà, Ternisien, comptez-vous me garder en tutelle jusqu'à la consommation des siècles? répondit le vieillard avec bonhomie.

— Je ne veux pas que vous vous hasardiez tout seul à travers les rues, insista le secrétaire intime avec le despotisme touchant de la véritable affection.

— *Vous ne voulez pas?...* Ah! c'est charmant, c'est charmant!

— Je sais que les médecins vous déclarent guéri...

— Eh bien, alors?...

— Mais moi...

— Mais vous, qui êtes un tyran farouche, vous désirez me tenir en chartre privée.

— Je vous aime! murmura l'abbé Ternisien, dont tout le cœur éclata dans cette parole.

— Cher enfant! »

Monseigneur de Roquebrun prit le bras de son secrétaire, et tous deux firent quelques pas en silence.

« Enfin, Monseigneur, reprit mutinement l'abbé Ternisien, me direz-vous d'où vous venez?

— Une enquête sur ma conduite!

— Il faut bien que je vous gronde, si vous n'avez pas été sage.

— Dans ce cas, grondez-moi bien fort : j'ai été terrible.

— Terrible! Et où donc? demanda le jeune prêtre avec effroi.

— Mon cher enfant, articula gravement l'évêque, la justice est boiteuse, elle va d'un pas de tortue, mais elle arrive !...

— Je suis sûr que vous êtes allé au grand séminaire.

— J'en sors.

— Et vous ne m'avez pas emmené ?

— A quoi bon ? Sauf le brave abbé Lavernède, tout le monde vous déteste là-bas, et un affront qui vous serait fait me tuerait.

— Sans doute l'affreux Capdepont...

— Capdepont ? Vous pouvez être persuadé qu'il est toujours le même. Ce n'est pas un prêtre, cela, c'est un Peau-Rouge, comme j'en ai vu dans ma jeunesse, quand j'étais missionnaire en Amérique.

— Mais aussi pourquoi Votre Grandeur s'obstine-t-elle à revoir sans cesse ce méchant homme ?

— Pourquoi ? s'écria l'évêque, dont la colère apaisée se ralluma aussitôt. Vous me demandez pourquoi, Ternisien ? Parce que ce méchant homme est un méchant prêtre, et que je n'en veux point souffrir dans mon diocèse ; parce que je ne puis tolérer plus longtemps qu'il taille mes ecclésiastiques sur son patron; enfin, parce que je me suis juré décidément de briser l'orgueil de ce personnage véritablement satanique et de l'amener à s'humilier devant moi.

— L'œuvre sera difficile.

— Qu'en savez-vous? Pour commencer, le voilà réduit à son canonicat de Saint-Irénée... Oh! qu'il écrive à Paris, si cela lui plaît : je suis décidé à ne garder aucun ménagement. C'est assez de souffrances endurées. A la fin, Dieu veut que je me montre... J'ai annoncé à ce rebelle, ainsi qu'aux autres directeurs, que les Pères de l'Instruction Catholique prendraient possession du grand séminaire au mois d'octobre, à la rentrée des classes.

— C'est un coup d'État formidable, Monseigneur...

— Du reste, je ne m'arrêterai pas là avec ce monsieur : je me propose de le poursuivre jusque dans ses desseins ambitieux et d'en empêcher la réalisation. Vous n'ignorez pas que, il y a quelques mois, quand j'agonisais encore, M. Capdepont fit répandre le bruit qu'il allait être nommé évêque de Lormières. Il avait joué cette comédie odieuse à la mort de Monseigneur Grandin, mon prédécesseur, et elle faillit lui réussir. Je ne veux pas qu'un pareil scandale se renouvelle quand je ne serai plus..., et il dépend de vous, Ternisien, qu'il ne se renouvelle point.

— De moi, Monseigneur ? De moi ?

— Entrons, je vous mettrai au courant de mes intimes projets. »

Le palais épiscopal de Lormières a l'aspect d'une vieille forteresse. De hautes tours crénelées flanquent, à l'est et à l'ouest, un énorme corps de logis, aux portes basses, aux fenêtres étroites comme des meurtrières, aux gargouilles grimaçantes et étirées. Bien que sa façade soit exposée au midi, l'évêché ne reçoit que de rares rayons de soleil, le gigantesque vaisseau de Saint-Irénée projetant sur lui toute son ombre et le maintenant dans une sorte de demi-jour éternel. Il faut voir aussi quelle différence de conservation et de couleur existe entre l'entablement féodal des tours, qui baigne dans la lumière, et les enjolivements architecturaux qui couronnent les portes et les fenestrelles du corps de logis. En haut, dans les nuages, la pierre a gardé toute la vivacité de ses arêtes et presque son éclat primitif ; en bas, l'humidité jonche journellement le sol d'imperceptibles débris, pas une moulure qui ne soit entamée. L'ombre peu à peu mange le monument.

En pénétrant dans la cour spacieuse qui s'étend devant l'hôtel épiscopal, Monseigneur de Roquebrun et Ternisien s'avancèrent vers une large porte vitrée qui tient le milieu du corps de logis. Un huissier, toujours au port d'arme, ouvrit cette porte et ils entrèrent dans une vaste pièce, encombrée de livres et de papiers.

L'évêque, fatigué sans doute, se laissa couler dans un fauteuil et, muet, s'y reposa quelques minutes. L'abbé Ternisien le regardait avec une sollicitude inquiète.

« Si nous allions nous cacher dans le jardin ? dit tout à coup Monseigneur de Roquebrun. Nous serions plus seuls, sous les arbres. Ici, nous courons le risque d'être dérangés. »

Le secrétaire intime, préoccupé, lui offrit son bras sans articuler une parole.

Ils descendirent, par un perron de six marches, vers le beau jardin qui enveloppe le palais épiscopal au couchant.

L'abbé Ternisien ne pouvait s'y méprendre : Monseigneur de Roquebrun avait à lui confier des choses de la plus haute gravité.

Qu'allait-il lui dire ?

Le pauvre secrétaire tremblait presque, tant il redoutait d'apprendre quoi que ce fût qui l'arrachât à sa quiétude actuelle, à la paix si douce qu'il goûtait depuis dix ans auprès de son vénérable ami. Pressé de connaître le mot de l'énigme qu'on lui cachait trop longtemps, trois fois il invita l'évêque à s'asseoir à l'ombre des marronniers. Mais celui-ci, comme si le moment décisif de l'explication qu'il avait désirée l'effrayait maintenant, prenait plaisir à le retarder, et se promenait insouciamment à travers les allées.

Ils arrivèrent au petit ruisseau clair qui borne le jardin du côté de la ville.

« Faut-il le franchir, Monseigneur ? demanda Ternisien avec une innocente ironie.

— Non, non ! » répondit le vieillard en s'arrêtant.

Un banc était là sous les grands arbres ; ls s'y assirent.

« Mon cher enfant, dit l'évêque, ce matin, pendant que vous disiez votre messe à la cathédrale, j'ai reçu de Paris une lettre pleine de nouvelles attristantes.

— Le général, peut-être ?...

— Non, mon frère va bien, Dieu merci ! C'est justement lui qui m'écrit.

— Qu'y a-t-il donc, Monseigneur ?

— Il y a que, si nous n'y mettons bon ordre, le chanoine Capdepont sera positivement nommé évêque.

— Quoi ! on oserait infliger cet affront au Saint-Père ?

— On osera... Je n'ai fait qu'un bond d'ici au grand séminaire. Il faut que j'amène cet homme à se compromettre, et l'exubérance de son tempérament me rendra, je crois, la chose facile... Ternisien, il ne s'agit désormais ni de vous ni de moi, il s'agit de l'Église.... J'étais bien résolu à ne parler de l'arrivée des Pères de l'Instruction Catholique à Lormières que le jour de l'Ordination ; mais l'abbé Capdepont ayant réussi, comme toujours, à me pousser à bout, j'ai tout dit; j'ai même assigné leurs nouveaux postes à quelques-uns de ces messieurs.

— Il y aura du bruit dans le diocèse, Monseigneur.

— Tant mieux! C'est bien là ce que j'espère. Qu'une révolution éclate et que j'y prenne la main de Capdepont, il est perdu.

— La révolution éclatera peut-être, mais vous ne réussirez pas à y saisir la main de votre ennemi.

— Vous le croyez donc bien habile?

— Lui, non; il est trop violent pour cela. Mais il y a des gens habiles au grand séminaire.

— Et qui donc?

— Mical, Monseigneur, le professeur Mical, l'ami de Capdepont, son modérateur et son guide... Tenez, voilà un homme véritablement très fin et duquel il vous faut méfier. »

L'évêque se recueillit un moment

Il reprit :

« Capdepont ignore probablement qu'il touche au but de toutes les espérances de sa vie. Après dix ans de luttes et d'efforts pour obtenir la mitre, il se lasse et désespère. De là sa fureur croissante... Si du moins, dans le paroxysme de sa rage diabolique, il provoquait quelque scandale qui retentît jusqu'à Paris !

— Et quel évêché destine-t-on au Supérieur du grand séminaire? demanda le secrétaire intime; je n'en vois pas un de vacant.

— Ceci est terrible à dire : on lui destine l'évêché de Lormières.

— On attendra, je pense, que vous soyez mort! s'écria l'abbé Ternisien avec une sorte de colère.

— Hélas! ne le suis-je pas à demi? Après une première attaque d'apoplexie, une seconde, puis... la tombe.

— Oh ! Monseigneur ! Monseigneur !...

— Quand, dans les bureaux des cultes, on a appris mon état de la bouche même du général de Roquebrun, un personnage très influent, qui se trouvait là, a prononcé ces mots cruels : « Enfin, on pourra caser M. Capdepont ! »

— Quelle infamie !

— Mon frère me fournit quelques détails : on sait à Paris que Capdepont n'est doué d'aucune sorte de talent administratif, et c'est ce qui, dernièrement, malgré la promesse très authentique de l'Impératrice et l'appui très acharné de M. Jérôme Bonnardot, a fait éloigner son nom, quand on a pourvu au siège de Saint-Claude. Mais on le croit capable d'administrer le diocèse de Lormières, soutenu par le Chapitre, où se trouvent des hommes éprouvés, et aidé dans sa tâche par tout le clergé, qu'il connaît depuis trente ans. La situation est donc celle-ci : Capdepont, évêque de Lormières, après Monseigneur de Roquebrun, »

L'abbé Ternisien demeurait sans parole. L'évêque, par un élan affectueux, lui prit les mains dans les siennes.

» Mon enfant, lui dit-il, je vais vous demander un grand, un très grand service.

— Un service, Monseigneur ! Parlez vite, je vous en prie.

— Prenez garde ! je connais votre humilité profonde, peut-être allez-vous ne pas accueillir ma requête.

— Oh ! mon père !...

— Voulez-vous accepter le lourd fardeau de l'épiscopat ?

— Moi, évêque !

— Il se peut que M. Bonnardot informe Capdepont des dispositions favorables du ministère à son égard, et, dans ce cas, il se tiendra sur ses gardes. Du reste, comme vous le faites observer avec raison, l'abbé Mical suffirait à le retenir, s'il lui prenait envie de se laisser aller à quelque nouveau déportement. Donc, son caractère violent ne nous livrera point cet homme, et c'est à d'autres moyens que nous devons recourir pour rendre impossible son accession à l'épiscopat... Écoutez-moi... Quand, après ma promotion, je fis mon voyage à Rome, comme je ne parlais pas du tout italien, je demandai au cardinal Maffeï un ecclésiastique français capable de me guider à travers les splendeurs de la Ville Éternelle. Vous vîntes, je vous vis, vous m'agréâtes tout à fait, et, lorsque vous me parlâtes de retourner aux Franciscains de Tivoli, moi, je vous parlai de mon diocèse, et je vous enlevai. Mais, bien qu'éloigné de l'Italie, vous ne cessâtes pas, en homme avisé que vous êtes, de cultiver vos relations avec les Transalpins. Ces relations, jointes aux miennes, quand on connaît, d'ailleurs, ma santé à jamais ruinée, obtiendront facilement du Vatican votre nomination de coadjuteur du diocèse de Lormières. Ainsi, du côté de Rome, pas la moindre difficulté.

— Mais du côté de Paris?

— Là, quelques obstacles nous attendent : le budget d'abord, puis la volonté bien arrêtée du gouvernement de ne plus créer de coadjuteur, enfin les ennuis avec Rome... Nous viendrons à bout de ces misères. Le général de Roquebrun s'est créé, au Sénat, une situation qu'il fera peser de tout son poids dans la balance. Il ira aux Tuileries, verra l'Empereur, dissuadera l'Impératrice, convaincra le ministre. Il n'est rien dont son zèle pour la religion et son amitié pour moi ne le rendent capable. Il fera connaître Capdepont et vous fera connaître vous-même. Du reste, en cette grave affaire, j'ai tout lieu de compter sur le concours dévoué de mon vieil ami le cardinal-archevêque de Lyon.

— Véritablement, Monseigneur, je reste

confondu de tant d'indulgence et de bonté ; mais je vous supplie de me permettre de ne point courir une si terrible aventure. Vous me rappeliez tout à l'heure le couvent des Franciscains de Tivoli, où vous me vîtes pour la première fois. Mon rêve, si je puis en former un dans le bonheur dont vous m'enveloppez, n'est pas de m'élever jusqu'à l'épiscopat, mais de reprendre le chemin de mon ancienne retraite, le jour où Dieu me priverait du protecteur qu'il m'a donné. Les splendeurs de la domination terrestre, qui exaltent certains prêtres jusqu'à la plus insigne folie, me laissèrent toujours froid. Je ne suis pas fait pour elles.

— Je vous ai dit, mon enfant, qu'il ne s'agissait pas de vous, qu'il s'agissait de l'Église.

— Et croyez-vous que l'Église trouve en moi un évêque comme il lui en faudrait tant à l'époque effroyable que nous traversons ? Quand vous ai-je fourni la preuve que j'ai acquis les vertus supérieures qui peuvent devenir un exemple pour le clergé de tout un diocèse ? Où avez-vous appris que j'eusse l'âme assez ferme pour gouverner quatre ou cinq cents prêtres? Dix ans d'épiscopat ne vous ont-ils pas édifié sur l'esprit de révolte qui souffle de toutes parts? La Révolution a fait brèche aussi dans l'Église, et je ne me sens pas de taille à me mesurer avec elle. Voulez-vous un cœur intrépide? Prenez l'abbé Lavernède.

— Je vous répéterai les paroles de l'Écriture : « *Vous êtes un homme de peu de foi.* » Je connais peu M. Lavernède, et je vous aime!

— Mais que voulez-vous que je fasse? s'écria le secrétaire intime, terrifié.

— Je veux que vous vous abandonniez à moi, ou plutôt que vous vous abandonniez à Dieu, qui choisit souvent le plus faible pour confondre le plus fort : « *Elegit Deus ignobilia ut confundat fortia...* » Dans la candeur de votre nature évangélique, vous pensez au bien que vous ne feriez pas si vous étiez évêque, et vous oubliez le mal que ferait à n'en pas douter Capdepont, s'il le devenait à votre place. Songez aux efforts que nous avons tentés ensemble pour renouveler la face de ce malheureux diocèse. Espérez-vous que Capdepont, évêque de Lormières, respecte notre œuvre? Tous ces Réguliers, appelés ici pour édifier une population, très arriérée dans la plaine, à demi sauvage dans les montagnes; toutes ces religieuses, établies sur divers points pour soigner les malades, instruire les enfants, secourir les pauvres; tous ces héros, toutes ces héroïnes de la prière et du sacrifice qui attirent les bénédictions du ciel sur mon peuple, que deviendraient-ils avec Rufin Capdepont? Ah! si on savait ce que nous avons fait, vous et moi, pour cette contrée misérable? Si l'on savait que nous avons dépensé, vous plus de deux cent mille francs; moi, toute ma fortune personnelle, — un demi-million, — à doter ce pays déshérité d'hospices, de crèches, d'écoles, d'orphelinats!... On le saura, Ternisien; j'irai le dire à Paris.

— Vous irez à Paris, Monseigneur?

— Trouvez-vous que la chose n'en vaille pas la peine?

— Et votre santé? Votre santé si précieuse au diocèse, à moi... »

Les yeux de Ternisien s'étaient remplis de larmes.

« Ne pleurez pas, mon enfant, murmura l'évêque bouleversé.

— Mais si le voyage allait vous fatiguer?...

— Ce voyage me sera comme un bienfait, pourvu que vous consentiez à me suivre.

— Je vous suivrai partout! » s'écria le secrétaire intime.

Monseigneur de Roquebrun l'embrassa comme un père embrasse son enfant, longuement, tendrement.

Silencieux, ils remontèrent vers l'évêché.

VI

L'ORDINATION

Cependant il était manifeste, à l'air à la fois très circonspect et très embarrassé des ecclésiastiques qui, chaque jour, paraissaient dans les bureaux de l'évêché pour quelque affaire, qu'on les travaillait contre Monseigneur de Roquebrun et qu'une révolution éclaterait prochainement. Que serait cette tempête dans un verre d'eau?

L'évêque, bien résolu à ne pas sortir d'un certain calme dédaigneux à l'égard de Capdepont, moyen habile de pousser le montagnard de Harros à des sottises extrêmes, ne s'effrayait nullement de toutes ces agitations clandestines, et les persiflait avec esprit.

Quant à l'abbé Ternisien, allant et venant

par la ville, du salon de la baronne Thévenot, dans le Quartier des Papeteries, où l'on chantait les louanges de Capdepont, au salon du vicomte de Castagnerte, dans le Quartier des Couvents, où l'on était tout dévoué à Monseigneur de Roquebrun, il voyait les choses sous un aspect beaucoup moins rassurant. Quelques mots surpris au vol, une conversation très diplomatique avec le vieux Clamouse, archiprêtre de Saint-Irénée et doyen du Chapitre, qui venait de passer dans le parti de Capdepont, son vicaire en 1842, lui faisaient présumer que la lutte serait sérieuse.

D'ailleurs mille bruits circulaient :

« Monseigneur de Roquebrun, à qui le méchant état de sa santé ne permettait plus de diriger le diocèse, venait de donner sa démission...

« L'empereur, sur les très vives sollicitations du général comte de Roquebrun, sénateur, avait nommé l'évêque de Lormières chanoine de l'ordre des évêques au Chapitre Impérial de Saint-Denis...

« Monseigneur de Roquebrun ferait ses adieux à son clergé, le jour de l'Ordination, dans la chapelle du grand séminaire.

« On présumait que M. l'abbé Rufin Capdepont, que l'Impératrice avait distingué depuis longtemps, serait appelé au siège de Lormières... »

Une hostilité aussi perfide confondait le pauvre abbé Ternisien et lui faisait une vie de poignantes inquiétudes. Il était bien évident que, si la plus petite de ces lâches insinuations arrivait aux oreilles de Monseigneur de Roquebrun, en dépit de ses résolutions, il ne parviendrait pas à conserver son sang-froid. Et quelle serait l'issue d'une nouvelle alerte donnée à ce vieillard, relevant à peine de paralysie? Il en mourrait certainement. Une idée sinistre, épouvantable, traversa le cerveau du secrétaire intime aux abois :

« Qui sait si Capdepont, de propos délibéré, ne voulait pas tuer son évêque? »

Ternisien, tout tremblant, fit le signe de la croix et murmura des oraisons.

Le 26 mai, la journée s'annonça comme devant être splendide. Dès sept heures du matin, le soleil allumait la rosace des Barnabites, dont les reflets figuraient les flammes rouges d'un incendie. Les maisons discrètes du Quartier des Couvents s'ouvrirent l'une après l'autre, puis quelques femmes vêtues de noir se glissèrent furtivement dans la rue.

Cependant l'affluence devenait de plus en plus grande, si bien que, vers les huit heures, il fut à peu près impossible de circuler sur les *Allées Saint-Macaire*, place assez exiguë, du reste, au fond de laquelle se dressent les hautes murailles du grand séminaire. Non-seulement, sur cette surface étroite, avaient débordé les dévots et les dévotes du Quartier des Couvents, mais bon nombre d'industriels du Quartier des Papeteries, remorquant leurs femmes et leurs enfants.

« Tiens! vous venez assister à l'Ordination, vous, Thévenot? s'écria le vicomte de Castagnerte, avisant l'ancien député qui jouait des coudes.

— Je fais comme tout le monde : je viens aux nouvelles... A propos, mon ami, vous qui voyez l'évêque, vous devez savoir quelque chose?

— Je vous jure, baron, que je ne sais rien... Au fait, vous qui voyez Capdepont, qu'avez-vous appris ?

— Ma foi, rien, comme vous. »

Un silence d'une minute.

« Madame Thévenot ne vous a donc pas accompagné ? reprit M. de Castagnerte.

— Nous nous sommes perdus de vue. Elle est par là avec Edmond.

— Que pense la baronne de la situation ?

— Elle pense que Rufin Capdepont ferait un évêque superbe, et je suis de son avis. C'est un fier homme, allez, que ce prêtre : je l'ai étudié, moi !

— Et il vous l'a bien rendu, » répondit finement le vicomte.

La grande porte de la chapelle du grand séminaire, donnant sur les Allées Saint-Macaire, s'ouvrit tout d'un coup à deux battants.

La foule se précipita et s'engouffra tout entière.

La vaste nef de l'ancienne chapelle gothique des Minimes avait été coupée en deux par une haute balustrade de bois. Les fidèles de Lormières, respectueux, s'arrêtèrent à cette balustrade, et, en gens habitués à la fréquentation des églises, s'assirent silencieusement, sans tousser, sur de longues files de chaises disposées pour les recevoir.

Une cloche sonna.

Les ordinands, qui en surplis, qui en aube blanche, envahirent le chœur. Deux à deux et d'une allure mesurée, ils s'avancèrent vers la partie réservée de la nef pour y prendre place. C'étaient, d'abord, les jeunes abbés qui allaient recevoir la tonsure ; puis les futurs minorés ; puis ceux qui étaient sur le point de faire le pas redoutable du sous-diaconat ; puis les candidats au diaconat ; puis enfin les aspirants à la prêtrise.

Ils se mirent tous à genoux.

Un second coup de cloche retentit.

Au même instant, par les deux portes toutes grandes ouvertes de la sacristie, s'épancha dans le chœur un flot pressé d'ecclésiastiques de tout âge et de toute mine. Figures douces et naïves, faces rudes et creusées, têtes brunes et têtes blondes, tout ce monde, comme un troupeau, se dirigea vers de simples bancs d'écoliers, alignés à gauche, et s'y installa le mieux qu'il put.

« Miséricorde! que signifie cette avalanche? dit M. de Castagnerte. Tous les desservants du diocèse se sont donc donné rendez-vous ici?

— Quand je vous disais, vicomte, qu'il y aurait du nouveau, articula le baron Thévenot, se frottant les mains, tout aise.

— Taisez-vous, messieurs, intervint la baronne se retournant, je ne puis pas prier...

— Pour Capdepont, sans doute? » interrogea malignement M. de Castagnerte.

Le maître des cérémonies sonna un troisième coup.

Les directeurs du grand séminaire parurent; derrière eux, à quelques pas, marchait, solitaire et grave, le Supérieur.

L'abbé Capdepont s'arrêta au pied du maître-autel, et pendant que ses collègues allaient s'asseoir dans les belles stalles de chêne massif qui se dressent à droite, dans le prolongement du chœur, il fit une courte prière. Son attitude était noble, recueillie, solennelle. Il se signa dévotement, puis à son tour marcha vers son siège. En passant devant le clergé du diocèse, empilé sur des banquettes de bois, il inclina imperceptiblement la tête. Les autres se courbèrent de toute l'échine. Il n'y fit pas attention.

« Est-il beau ! s'exclama le baron Thévenot.

— Je lui trouve l'air assez insolent, riposta M. de Castagnerte... Tiens ! ajouta-t-il, j'entends mes chevaux. »

En effet, une antique calèche aux armes du vicomte, attelée de deux chevaux basques qui paraissaient la traîner avec peine, venait de s'arrêter à la porte de la chapelle, sur les allées Saint-Macaire.

« Monseigneur ! » cria un suisse.

Les ordinands, la tête penchée, les bras croisés sur la poitrine, se dirigèrent processionnellement vers le fond de l'église.

Quelques curés et quelques desservants s'agitèrent, dans le désir manifeste de se porter au-devant de leur évêque ; mais, contenus par les yeux de Capdepont ouverts sur eux, ils n'osèrent quitter leur place et se rassirent penauds.

Cependant Monseigneur de Roquebrun, descendu de voiture avec ses deux grands-vicaires et son secrétaire intime, attendait, au seuil de l'église des Minimes, que le Supérieur du grand séminaire, selon l'usage, vint lui offrir l'eau bénite, et personne ne bougeait. L'abbé Lavernède, indigné d'un manque d'égards inqualifiable, quitta courageusement sa stalle.

« Messieurs, dit-il faisant un pas vers les curés et les desservants, fascinés par les regards de Capdepont, nous sommes prêtres, et, à ce titre, nous devons des hommages à notre évêque. Je marche à votre tête, moi. Venez ! »

La foule des ecclésiastiques, habituée à obéir, se débanda aussitôt et se jeta sur les traces du professeur d'*éloquence sacrée*.

L'abbé Mical, du coin de son petit œil clignotant, avait suivi tout ce manège. Épouvanté du scandale, redoutant un esclandre dans la chapelle même, car l'évêque n'était pas endurant, il poussa rudement Rufin Capdepont et parvint à le dévisser de sa place ; malheureusement, quand ils arrivèrent au bénitier, Sa Grandeur avait entonné déjà le « *Veni, Creator,* » et le cortège, sur deux colonnes, remontait en chantant vers le chœur

La cérémonie commença coup sur coup.

Une telle précipitation étonna le clergé, principalement les fidèles du fond de l'église, habitués à entendre l'évêque adresser quelques mots de bienvenue et d'encouragement aux jeunes tonsurés. — Oh! il parlerait sans doute aux futurs sous-diacres...

Monseigneur de Roquebrun conféra les Ordres mineurs sans détourner son attention du *Rituel* ouvert devant lui, et, quand les sous-diacres, le cœur bouleversé, les yeux humides de larmes, au moment de faire le pas fatal qui les jetterait dans la cléricature pour la vie, attendaient une parole réconfortante, l'évêque, debout sur le marchepied du maître-autel, se contenta de leur crier d'une voix brève :

« *Huc accedite!* Venez ici ! »

Il était évident que Monseigneur de Roquebrun, ému par l'affront qu'on lui avait infligé à la porte de la chapelle, se hâtait d'en finir avec la cérémonie. L'homme le plus saint ne saurait échapper à certaines préoccupations, et les regards que, de temps à autre, l'évêque dirigeait du côté des curés et des desservants empilés à la gauche du chœur, prouvaient bien que la présence insolite de tant de prêtres l'avait blessé.

— Était-ce un complot ? Que lui voulait-on ?

Deux fois il eut envie, en pleine Ordination, d'interpeller le Supérieur du grand séminaire pour lui demander la raison d'une pareille affluence d'ecclésiastiques. Eh quoi ! le vieux Clamouse, à peu près perclus, qu'on ne voyait qu'à de très longs intervalles à son poste dans la cathédrale, avait pu trouver des jambes pour arriver jusqu'ici ! C'était à ne pas y croire.

Mais l'abbé Ternisien, debout à la droite de Monseigneur de Roquebrun, le calmait, le maîtrisait.

« Jésus-Christ est là sur l'autel prêt à être immolé, lui soufflait ce saint prêtre à l'oreille : souffrons comme il a souffert... »

Il lui murmurait encore :

« Votre santé, Monseigneur, votre santé !... Songez donc qu'il nous faut partir demain pour Paris... »

L'évêque souriait à travers sa colère et se contenait sagement.

L'Ordination terminée, Monseigneur de

Roquebrun, précédé de ses grands-vicaires, de son secrétaire intime, de l'abbé Lavernède, se dirigea vers la sacristie. Il dépouilla vivement ses ornements pontificaux.

« Je cours faire avancer la voiture, Monseigneur, dit l'abbé Ternisien.

— La voiture! pas encore. La coutume veut que, le jour de l'Ordination, je distribue quelques vicariats aux jeunes ecclésiastiques qui ont reçu la prêtrise. Pourquoi n'obéirais-je pas à la coutume? Croyez-vous que j'aie peur du régiment de prêtres qu'on a réuni ici sans mon ordre? Du reste, j'ai promis aux directeurs, à qui je n'ai pu encore donner de poste, de leur en assigner aujourd'hui...

— Votre Grandeur pourrait peut-être attendre... hasarda l'abbé Lavernède.

— Attendre que mon clergé me mette le pied sur la gorge et m'étouffe, n'est-il pas vrai? Monsieur Lavernède, vous le savez mieux que moi, ceci est un duel à mort. Il est horrible de penser que de si effroyables luttes éclatent dans le sanctuaire, en présence de Dieu. Mais, voyons, puis-je reculer?... Après mon action de grâces, je rejoindrai ces messieurs dans la Salle des Conférences. Portez-leur cette nouvelle, je vous prie.

— Monseigneur!... Monseigneur!... balbutia Ternisien.

— Mon enfant, il n'est pas commode d'être évêque; mais, quand Dieu nous a choisi, nous devons lui faire honneur jusqu'au bout. »

Il tomba à genoux sur un prie-dieu.

Chacun s'éloigna saisi de respect.

VII

LE PRINCE DES TÉNÈBRES

Tandis que Monseigneur de Roquebrun récitait la prière que l'évêque, comme le simple prêtre, récite toujours après la célébration de la messe, l'abbé Rufin Capdepont, à la tête des directeurs du grand séminaire et de tout le clergé accouru à l'Ordination, se dirigeait vers la Salle des Conférences. En grand tumulte, cette foule envahit les stalles des Minimes; on se bouscula même un peu.

« Messieurs, s'écria Capdepont, surgissant sur la deuxième marche du trône abbatial, respectez la hiérarchie : messieurs les curés-doyens seuls ont droit aux stalles; les desservants occuperont les banquettes du fond. »

Le Supérieur avait parlé. Les succursalistes cédèrent les sièges qu'ils possédaient indûment.

« Messieurs, reprit Capdepont d'une voix qu'il s'efforçait de contenir et que, malgré lui, une sourde colère rendait plus vibrante, je ne suis pas satisfait le moins du monde de votre attitude dans la chapelle. M. l'archiprêtre Clamouse, qui est bien l'ecclésiastique du diocèse le plus éminent par le savoir et par la vertu, tient entre ses mains une longue requête signée de vous tous, où vous exprimez à votre évêque votre mécontentement pour la façon au moins singulière dont il traite son clergé. Avez-vous oublié que les Réguliers, comme une pluie de sauterelles, se sont abattus sur nos paroisses, et que les Pères de l'Instruction Catholique vont expulser d'ici vos anciens maîtres, si dévoués et si bons? Si vous avez oublié cela, que signifie votre présence en ces lieux? Et si vous vous en souvenez, comment se fait-il que tout à l'heure, sur l'injonction de M. l'abbé Lavernède, que la protection manifeste de l'évêque a poussé à méconnaître ses devoirs envers moi, son supérieur, vous soyez allés au-devant de celui que, ce matin encore, avant l'Ordination, vous accusiez de vous fouler aux pieds, et auquel, disiez-vous, vous étiez résolus à infliger une leçon? Il eût été bon que, dès son entrée dans notre chapelle, M. de Roquebrun eût appris que son clergé est au moment de s'éloigner de lui, et que, pour employer le langage politique, s'il fait des coups d'État, nous sommes prêts à lui riposter par une révolution.

— Il le saura, il le saura! interrompit la voix chevrotante de l'archiprêtre Clamouse.

— Oui, oui, il le saura! s'écria la multitude des prêtres, levant les bras avec fureur.

— Réfléchissez, du reste, poursuivit Capdepont, que tous ici nous sommes également compromis aux yeux de notre évêque. Si nous ne connaissions son caractère violent, son mutisme durant la cérémonie de l'Ordination suffirait à nous dire les pensées de vengeance qui doivent l'agiter. Ainsi donc, quand il va paraître, pas de faiblesse. Au lieu de plier vos têtes sous le joug, redressez-vous dans votre force et dans votre dignité. Au fait, que peut-on contre vous? Rien, absolument rien. On frappe d'interdit un prêtre qui se révolte, même contre l'injustice, on ne saurait en frapper deux cents. Si vous êtes fermes, M. de Roquebrun, mis en face d'une opposition formidable, quittera le diocèse, et le ciel, peut-être clément envers nous, enverra-t-il le réparateur.

— Comptez sur nous, monsieur le Supérieur, comptez sur nous ! » s'exclamèrent ensemble les curés des stalles et les desservants des banquettes.

La porte de la Salle des Conférences s'entr'ouvrit, et dans l'entrebâillement passa la tête futée de l'abbé Mical.

« Silence ! souffla-t-il, voici l'évêque ! »

Après une pareille explosion de sentiments hostiles, ceux à qui il n'a pas été donné d'observer les prêtres se figurent sans doute que le clergé insurgé du diocèse de Lormières fit à son évêque, entrant dans la Salle des Conférences, un accueil des plus embarrassés, des plus froids. Il n'en est rien. A l'apparition de Monseigneur de Roquebrun, par une sorte d'enchantement, les faces crispées se déridèrent, et sur plusieurs s'épanouit une sorte de sourire hypocrite et béat, le sourire de la servitude.

Il est surprenant que l'abbé Rufin Capdepont, à qui une étude approfondie de l'histoire aurait dû communiquer la connaissance des hommes, avant de tenter ce soulèvement impie contre l'autorité légitime, n'eût pas réfléchi que l'exercice de la liberté veut un apprentissage, et qu'on n'abdique pas les habitudes de l'esclave parce qu'on a écrit son nom au bas d'une feuille de papier. Mais cette fois, comme toujours quand il s'agissait de lui-même, la passion l'avait aveuglé. Le paysan de Harros, l'homme de l'instinct, gâtait tout dans les plans superbes, souvent pleins d'audace, de l'abbé Capdepont, et devait les faire échouer.

Monseigneur de Roquebrun s'avança, appuyé sur le bras de son secrétaire intime, et gravit les marches du trône abbatial. La longue cérémonie de l'Ordination l'avait sans doute fatigué, car il s'assit et resta silencieux, dans une sorte d'accablement.

Le vieil abbé Clamouse, averti par un clignement d'yeux de Rufin Capdepont, se souleva péniblement. Aidé par l'abbé Mical, il se traîna jusqu'au milieu de la Salle des Conférences.

« Monseigneur voudrait-il me permettre, gémit-il d'une voix expirante, de lui adresser quelques mots ?

— Je vous écoute, monsieur l'Archiprêtre. »

M. Clamouse toussa, affermit ses bésicles au bout de son nez crochu sali de tabac, et, dépliant une longue pancarte, il glapit ces paroles :

« Monseigneur,

« Le clergé de votre diocèse éprouve la
« plus profonde douleur devant les empiè-
« tements, chaque jour plus considérables,
« des corporations religieuses... »

L'évêque se mit debout vivement.

« Arrêtez ! monsieur. Vous ne me parlez pas, vous lisez, je crois...

— Sans doute, balbutia l'Archiprêtre, ahuri.

— Et où avez-vous vu qu'il vous fût permis

d'adresser des remontrances à votre évêque?

— Mais, Monseigneur...

— Est-ce dans les traités de discipline ecclésiastique ou dans le droit canon? Il me semble, au contraire, que Thomassin, en ses écrits, interdit ces manifestations inconvenantes.

— C'est seulement une supplique à propos des Réguliers...

— Je ne veux pas l'entendre. Si vous aviez quelque observation à me soumettre relativement aux actes de mon administration, que ne preniez-vous la peine de venir jusqu'à l'évêché? Ne vous y ai-je pas reçu cent fois? Et quand ai-je cessé de vous marquer la déférence due à votre long sacerdoce, que, plus d'une fois, je citai dans mon grand séminaire comme un exemple aux jeunes clercs? Depuis mon intronisation à ce siège de Lormières, ma porte vous fut ouverte à deux battants, et non-seulement à vous, monsieur, mais à tous mes prêtres, aux plus humbles comme aux plus élevés dans la hiérarchie. S'il en est un à qui j'aie refusé jamais de faire accueil, qu'il se lève et m'accuse.

8

— Je suis désolé, Monseigneur, balbutia M. Clamouse tout tremblant, et je vous demande pardon...

— Vous êtes absous, monsieur l'Archiprêtre. Quand vous cheminiez jusqu'ici ce matin, malgré des infirmités qui devaient vous retenir dans votre cure, je veux croire que vous ne saviez trop ce que vous veniez y faire. Mais *un autre* le savait à votre place. Il s'agissait de porter un coup terrible à votre évêque, et l'on tenait à ce que ce fût le prêtre le plus respectable du diocèse qui frappât ce coup. Songez donc ! Monseigneur de Roquebrun réprimandé par M. l'archiprêtre Clamouse devant un clergé nombreux, c'était un grand et beau spectacle ! Heureusement, malgré leurs fautes, leur insuffisance, leur indignité, Dieu veille sur ceux à qui il a commis la garde de son Église, et Dieu n'a pas permis qu'une entreprise satanique, où l'on vous avait mêlé à votre insu, réussît par votre intervention : Dieu a eu pitié de vos soixante ans de vertu, d'immolation à sa gloire ; c'est lui-même qui vient de vous arracher des mains du Tentateur. »

De petites larmes brillantes arrosèrent les joues parcheminées du vieil Archiprêtre. Il s'avança vers le trône abbatial, et, arrivé à la première marche, sans mot dire, il plia les deux genoux.

Monseigneur de Roquebrun descendit vers lui et essaya de le relever.

« Non, non ! murmura M. Clamouse, bénissez-moi, Monseigneur, bénissez-moi parce que j'ai péché. »

L'évêque leva les mains solennellement.

Quand l'Archiprêtre se remit debout, Monseigneur de Roquebrun était encore devant lui, le regardant, tout bouleversé.

Tout à coup, entraînés par un mouvement généreux de leur cœur, ces deux vieillards se jetèrent dans les bras l'un de l'autre et s'embrassèrent étroitement.

Un frisson parcourut l'assistance. Çà et là, l'on entendit comme des sanglots étouffés.

L'abbé Mical fit une grimace hideuse.

Quant à l'abbé Capdepont, ses traits avaient pris une rigidité marmoréenne. Il se tenait dans sa stalle, immobile et froid comme une statue.

L'évêque reparut sur le trône abbatial; sa face rayonnait d'une sainte joie.

« Monsieur l'Archiprêtre, dit-il avec une émotion pénétrante, ce jour qu'on voulait me rendre si triste, vous le faites le jour le plus heureux de mon épiscopat. En vous étreignant, il m'a semblé que j'étreignais tout mon diocèse, et j'en ai tressailli d'allégresse!... Mon Dieu, ajouta-t-il, laissant, lui aussi, couler des larmes, mon Dieu, dites-moi ce qu'il faut que je fasse pour qu'on m'aime? Il est si doux d'être aimé!...

— On vous aime, Monseigneur, on vous aime! s'écria toute la Salle des Conférences, emportée par un irrésistible attendrissement.

— Vous viendrez tous me voir à l'évêché; vous me direz les fautes, les erreurs que j'ai pu commettre, et désormais nous ne formerons qu'une famille bien unie...

— Oui, nous irons, nous irons tous!

— Je serai un père dévoué jusqu'à la mort à ses enfants, repartit l'évêque, montrant à nu son cœur affamé d'affection. Il n'est pas jusqu'à la question des Religieux que je ne sois disposé à trancher en votre faveur, s'il m'est démontré que leur présence dans ce diocèse est, en quoi que ce soit, préjudiciable à mon clergé. Du reste, pourquoi ai-je appelé des Réguliers ici ? Pourquoi en ai-je établi dans les coins les plus reculés de nos montagnes, sinon pour qu'ils aidassent mes prêtres dans la prédication, dans l'instruction des enfants, dans l'administration des divers sacrements ? Je ne vous ai point cherché des ennemis, mais des amis dévoués, prêts à toute heure à vous prêter leur concours dans les œuvres de notre sainte religion. Certes, le clergé paroissial m'a fourni des preuves multipliées de son zèle ; il est pourtant plus d'un endroit où ses efforts avaient échoué. Faut-il vous citer un exemple ? A Harros, la patrie de l'éminent abbé Capdepont, depuis des années la semence divine tombait sur la pierre. Les Maristes sont venus, ils ont défoncé cette terre rebelle, et aujourd'hui elle porte une moisson abondante, *messis multa*... Et puis, étant prêtres, pourquoi ne pas nous souvenir que c'est dans les communautés religieuses qu'il est le plus aisé de pratiquer les exercices recommandés par les saints conciles, pour atteindre à la perfection chrétienne ?... »

Monseigneur de Roquebrun respira un moment.

L'abbé Ternisien se penchant vers lui, ils échangèrent quelques paroles.

« Messieurs les ordinands qui venez de recevoir la prêtrise, dit le secrétaire intime, Monseigneur qui a besoin d'un instant de repos, me charge de vous désigner les vicariats auxquels Sa Grandeur daigne vous appeler. »

Il lut une assez longue liste. Il finissait à peine, que l'évêque, par un effort énergique, se remit debout :

« Je devais, dit-il, assigner aujourd'hui des postes à quelques directeurs du grand séminaire ; mais, après ce qui vient de se passer, je me sens plein d'hésitation. Puisque, ici, tous les cœurs se sont un peu dilatés, qui sait si je ne ferais pas mieux de rompre les négociations entamées avec les Pères de l'Instruction Catholique ? »

Et, brusquement, se tournant vers l'abbé Capdepont :

« Que pensez-vous de cette rupture, monsieur le Supérieur ? lui demanda-t-il.

— Je pense, Monseigneur, que, s'il y a eu engagement, l'engagement doit être tenu.

— Mais si l'affaire n'avait pas été conclue définitivement ?

— Dans ce cas, vous seriez libre vis-à-vis des Pères de l'Instruction Catholique ; mais vous ne le seriez pas vis-à-vis de nous, les directeurs de cet établissement.

— Pourquoi donc ?

— N'avez-vous pas assigné des postes à M. Mical, à M. Turlot, à M. Lavernède ? Ne m'avez-vous pas enjoint d'aller occuper ma stalle au Chapitre de Saint-Irénée ?

— Il vous déplairait donc de conserver la direction du grand séminaire ?

— Puisque vous m'avez vous-même dégagé de mes fonctions, vraisemblablement vous aviez des motifs sérieux pour le faire...

— Enfin, s'il m'était agréable de vous conserver cette situation que vous occupez depuis si longtemps ?

— A mon très grand regret, je me verrais contraint de décliner cette faveur.

— C'est une résolution bien prise : quand votre évêque fait deux pas pour se rapprocher de vous, vous refusez d'en faire un pour vous rapprocher de lui ?

— Je respecte mon évêque. »

C'était assez d'avances ; encore une fois Monseigneur de Roquebrun venait de toucher du doigt le fond de ce caractère indomptable : une pierre dure et glacée.

« Allons, monsieur Capdepont !... allons, monsieur le Supérieur !... ne put s'empêcher de lui crier toute l'assistance, l'invitant à des égards et à des concessions.

— Que me voulez-vous enfin, vous autres ? répliqua cet homme farouche, se dressant de toute sa taille et jetant sur le clergé qui l'environnait un regard de hautain mépris.

— *Beati pacifici,* monsieur le Supérieur ! s'écria le vieux Clamouse.

— *Beati pauperes spiritu,* monsieur l'Archiprêtre ! lui riposta Capdepont, disposé à tous les éclats.

— Messieurs, dit l'évêque, luttant contre la colère qui de nouveau venait de lui embraser le sang, le plus terrible châtiment que Dieu ait infligé au *Prince des Ténèbres,* sainte Thérèse nous le rapporte : il lui a défendu d'aimer.

— Monseigneur !... » s'écria Capdepont, dont les yeux lancèrent des flammes.

L'évêque allongea le bras, comme dans la cérémonie de l'exorcisme, quand on chasse les démons, et, sans proférer une parole, sortit de la Salle des Conférences.

Tous les prêtres, curés et desservants, firent cortège à Monseigneur de Roquebrun.

Seuls, les abbés Capdepont et Mical ne l'accompagnèrent pas à travers les vastes corridors du cloître des Minimes. Ils restèrent tous deux comme pétrifiés dans leurs stalles.

« Nous sommes joués ! dit enfin Mical, revenu de sa stupeur.

— Les imbéciles ! Les lâches ! articula Capdepont avec un geste désespéré... Ah ! si je suis jamais leur évêque...

— Tu te vengeras, n'est-il pas vrai ?

— Tiens, sortons... J'étouffe !... »

Ils allèrent respirer le grand air sous les ormes ombreux de la cour.

VIII

LA MESSE DU SAINT-ESPRIT

Avant de quitter le grand séminaire, où décidément leur mission était bien terminée, les directeurs décidèrent de célébrer une messe du Saint-Esprit. Cette messe chantée, à laquelle on inviterait tous les affidés de Lormières et du diocèse, serait comme une dernière protestation contre les actes de l'autorité épiscopale.

Sauf l'abbé Lavernède, lequel, le lendemain de l'Ordination, sans tambour ni trompette, était allé prendre possession de l'aumônerie des prisons, et qui, par conséquent, n'assistait pas à cette sorte de conciliabule secret, tous les directeurs y étaient présents. Chacun cria, vociféra contre l'évêque, parti, du reste, depuis quelques jours pour Lyon avec l'abbé Ternisien, et la résolution fut bien arrêtée d'invoquer en commun le Saint-Esprit, avant de se séparer.

Le 4 juin, une semaine après l'Ordination, l'abbé Rufin Capdepont, à dix heures du matin, monterait à l'autel, suivi des abbés Mical et Turlot, en dalmatiques de diacre et de sous-diacre, pour ajouter à la pompe de cette cérémonie.

Le jour même de ces adieux, si habilement combinés pour blesser l'évêque, au moment où l'abbé Capdepont allait rejoindre ses confrères assemblés, le baron Thévenot l'arrêta au seuil de la Salle des Conférences.

« Qu'y a-t-il? demanda le chanoine d'un ton brusque.

— Monseigneur de Roquebrun n'est pas à Lyon.

— Où donc est-il, alors ?

— A Paris depuis quatre jours.

— A Paris?

— Je viens d'arracher cela au vicomte de Castagnerte. »

A cette nouvelle bien imprévue, l'abbé

Capdepont, qui pourtant était un homme énergique et ferme, éprouva comme un étourdissement qui le fit chanceler. Il dut se soutenir sur les bras de Thévenot et sur ceux de l'abbé Mical.

On le reconduisit dans son appartement.

« C'est *contre* moi que l'évêque Roquebrun est allé à Paris, c'est *contre* moi ! s'écria-t-il tout à coup avec la lucidité divinatrice des grandes passions... Et quand je songe que, tandis qu'il agit, lui, je m'amuse, moi, à ourdir de misérables taquineries ! Quelle pitié !... »

Vivement il tourna vers l'abbé Mical sa face irritée.

« Voilà les aventures que tu me fais courir, toi, avec tes plans de sainte-n'y-touche. Quand cesseras-tu de me donner des conseils ? Et quand me procureras-tu la satisfaction de ne plus te mêler en quoi que ce soit de mes affaires ? Si je ne t'eusse point écouté, je serais à Paris depuis huit jours, et quelle besogne déjà n'aurais-je point faite ! Mais non ; au moment où je devais voler vers l'endroit où tous mes intérêts m'appellent, j'ai commis la faiblesse de te consulter encore une fois, et naturellement, embarrassé dans les mailles de tes raisonnements subtils, je suis resté. Tu vois maintenant ce qui m'arrive. L'évêque Roquebrun a déjà vu son frère le général, ils sont allés ensemble aux Tuileries... Que n'ont-ils pas dit de moi à l'Empereur, surtout à l'Impératrice ! »

Il fit quelques pas, et, saisissant l'abbé Mical, qui, trop faible pour lui résister, plia sous sa main comme un roseau :

« Prends garde à toi ! » lui dit-il, le dévorant d'un regard ardent.

M. Thévenot, effrayé, s'interposa. Mais l'abbé, l'écartant d'un geste :

« Ne craignez rien, monsieur le baron, murmura-t-il ; il ne me tuera pas.

— Et pourquoi ne te tuerais-je point ? répliqua Capdepont, lequel, dans le désordre de ses idées, laissa transparaître à son insu toute la perversité de ses instincts.

— Parce que tu veux être évêque, et que, si tu t'avisais de me dépêcher, mon cadavre pourrait te causer quelque embarras. »

L'abbé Capdepont, ne trouvant pas de riposte sur ses lèvres, rit d'un rire forcé qui donna à toute sa face une expression véritablement épouvantable. M. Thévenot le considéra avec une curiosité inquiète : il crut qu'il devenait fou, et s'esquiva.

Le terrible chanoine, tout entier aux préoccupations qui l'obsédaient, ne remarqua pas la retraite du baron. Son menton pointu appuyé dans la paume de sa main droite, il réfléchissait.

Il se leva soudainement. Son regard avait la fixité singulière qui frappe chez les hallucinés... Il fit deux fois le tour de sa vaste chambre... Il s'arrêta... Il demeura quelques instants droit, immobile, comme fiché dans le parquet. Ses traits, auxquels sa volonté avait su imprimer une sérénité austère en harmonie avec le caractère sacerdotal, tordus maintenant par les convulsions intimes de son âme, le rendaient tout à fait méconnaissable. Son front, vaste champ où s'épanouissait sa forte pensée, était particulièrement bouleversé. Partout des rides, des trous, des crevasses, des ruines. La tête, cette cité céleste de l'homme, affichait chez Capdepont, subissant le martyre d'une ambition effrénée, les ravages d'un tremblement de terre effrayant.

« Lorsque, le lendemain de l'Ordination, articula-t-il lentement, ayant l'air de se parler à lui-même, j'appris le départ de l'évêque pour Lyon, bien que je connusse ses relations anciennes avec l'archevêque de cette ville, je ne fus pas sans concevoir quelque crainte. Après la maladie de M. de Roquebrun, maladie dont il relevait à peine, ce voyage me paraissait au moins étrange... Tout s'explique désormais : l'évêque allait à Paris; seulement, au lieu de passer par Bordeaux, il passait par Lyon, voilà tout... Mais pourquoi ce petit abbé Ternisien, interrogé par les grands-vicaires, qui pouvaient avoir des affaires urgentes à communiquer à l'évêque, leur a-t-il répondu : « Nous allons à Lyon » ?

— Ne se sont-ils pas, en effet, arrêtés à Lyon ? interrompit Mical.

— Qu'importe ! le but du voyage était Paris... L'abbé Ternisien a étudié la diplomatie à Rome, où se trouvent les maîtres de cette science peu chrétienne, mais très catholique, et l'abbé Ternisien s'est moqué de nous. Il n'a pas menti, oh! non; mais il n'a pas dit la vérité... Mical, je n'aime point ce petit Italien tout sucre et tout miel. Durant mon séjour à Paris, j'ai vu beaucoup d'ecclésiastiques revenus d'au delà des monts après un long séjour; eh bien! je n'en ai pas connu qui n'eût reçu là-bas une forte teinte de machiavélisme. Machiavel, c'est toute l'Italie, et Ternisien a été frappé à l'estampille commune...

— Enfin, à quel parti vas-tu te résoudre?

— C'est bien simple : je pars pour Paris ce soir.

— Allons, une sottise.

— En vérité, ce serait à te tordre le cou... J'en mettrais la main au feu : tu tiens encore quelque conseil ridicule à mon service.

— Tu n'as rien de pareil à redouter, riposta froidement Mical... Tandis que toi, tu t'achemineras vers Paris, je m'acheminerai, moi, vers mon nouveau poste, vers la Bastide-sur-Mont. Je puis bien renoncer à devenir grand-vicaire, puisque tu renonces à devenir évêque. »

D'un pas assuré, il se dirigea vers la porte. Il allait la franchir, quand Ruth

Capdepont, en proie à je ne sais quelle terreur panique, d'un tour de main la ferma à clef.

« T'expliqueras-tu?... Voyons, t'expliqueras-tu?

— A quoi bon?... J'aime mieux m'en aller.

— Tu ne sortiras pas que je n'aie vu le fond de ta pensée.

— Tu le veux donc absolument?

— Je l'exige.

— Eh bien, je trouve que, si l'abbé Ternisien a trop de diplomatie, tu n'en as pas assez, toi. Mes avis, que tu me reproches en termes impitoyables, t'ont fait Supérieur du grand séminaire, Vicaire-Général, candidat sérieux à l'épiscopat; ils te feront évêque, si tu les écoutes jusqu'au bout. Je le dis avec plus de tristesse que d'orgueil, sans moi, j'ignore ce que tu fusses devenu. Qui sait si, à l'heure qu'il est, toutes les violences, tous les éclats, toutes les folies que j'ai empêchés ne t'auraient pas valu la suspense et peut-être l'interdit!

— Assez! Assez!

— Tu me dois bien quelque chose, pour

l'acharnement que j'ai mis à te sauver de toi-même. Mais tu m'étais supérieur par l'intelligence, je t'admirais ; tu étais mon ami, j'étais fier de toi, je t'aimais !... »

L'abbé Mical s'arrêta. Il était trop ému pour continuer.

Rufin Capdepont recula d'un pas ; sa nature profonde avait reçu un coup. Il revint vers son ami, et cet homme rude, chez qui une passion indomptable avait tari la source du sentiment, eut un éclair de sensibilité.

« Mical, dit-il d'une voix presque tremblante, souvent j'ai été injuste envers toi je te demande pardon. »

Ils s'embrassèrent fraternellement.

Ayant essuyé leurs yeux humides, les deux prêtres s'assirent l'un près de l'autre sur un canapé.

« Voyons, reprit d'un ton câlin le chanoine, toujours en proie à son démon, que faut-il que je fasse ?

— Tu dois rester à Lormières... Admettons que l'évêque, ce qui est très vraisemblable après la terrible alerte qu'il a subie, soit allé à Paris simplement pour achever sa longue convalescence au sein de sa famille, ton voyage dans le Nord devient parfaitement inutile. Bien plus, après la lettre très explicite que t'écrivit M. Bonnardot, en apprenant, au mois d'août, dans quel état se trouvait Monseigneur de Roquebrun, je crois que ce voyage ne pourrait que te faire du tort. As-tu oublié les termes de cette longue épitre ?

« ..... Il n'y a plus à se bercer d'espoirs
« chimériques, disait M. Bonnardot : si vous
« êtes nommé évêque, vous ne serez ja-
« mais nommé qu'évêque de Lormières.
« Ici, on s'est habitué à vous croire des
« titres sérieux à la possession de ce siège ;
« mais il ne faudrait songer à aucun autre.
« On doute de vos aptitudes administrati-
« ves, et le gouvernement, qui est sage, ne
« vous transplantera pas dans un diocèse
« où vous ne seriez point connu, où, par
« conséquent, vous pourriez, dès les pre-
« miers jours, vous heurter à de grandes
« difficultés. Du reste, pourquoi vous mon-
« trer si impatient ? L'apoplexie qui vient
« de frapper Monseigneur de Roquebrun ne

« vous prévient-elle point que votre jour est
« proche?... »

— C'est parfait, cela... Mais si l'évêque Roquebrun, que je ne pris aucun soin de ménager, était allé à Paris dans le dessein de me nuire? Le mystère dont il s'est enveloppé à son départ n'est-il pas fait pour éveiller des appréhensions?

— Même dans ce cas, répondit Mical d'un ton convaincu, tu ne dois point t'éloigner d'ici. As-tu réfléchi à la situation qui te serait faite en arrivant à Paris, si, au ministère, aux Tuileries, — où je ne veux pas douter que tu fusses reçu, — tu te rencontrais face à face avec l'hostilité de ton évêque? Es-tu assez naïf pour croire que tu triompherais dans une lutte engagée sur le terrain glissant des bureaux? Ton caractère extrême ne me laisse aucun doute à cet égard. Souffre que je te répète ce que je t'ai dit cent fois : avec ta haute capacité, ton talent supérieur de parole, ton attitude véritablement pleine de noblesse, tu es l'homme le moins capable de sortir à ton honneur d'un pas difficile. Tu n'as aucune souplesse, aucune habileté. Tu t'emporteras, tu seras éloquent, superbe d'indignation, mais tu te noieras. Je ne te vaux point, tant s'en faut. Eh bien! je serais évêque, moi, tandis que depuis dix ans tu croques le marmot. La vie, la vie ecclésiastique surtout, condamnée à caresser le chou de Rome et la chèvre de Paris, est un biais. Demande, du reste, à Machiavel-Ternisien...

— Alors je dois permettre à l'évêque Roquebrun de dénaturer mes actes, mon caractère?...

— Ah! çà, voyons, entre nous, tu le crois donc bien infâme, ce pauvre évêque?

— Est-ce que par hasard il t'aurait séduit en t'octroyant la cure de la Bastide-sur-Mont? demanda Capdepont avec une cruelle ironie.

— Point. Il m'a été fort désagréable. Mais avouons, puisque nous sommes seuls, que c'est bien un peu pour les besoins de ta cause que nous le fîmes toujours si noir. »

L'abbé Capdepont se dressa sur ses jarrets nerveux.

« Je partirai par l'express de ce soir.

— Un dernier conseil : attends au moins, pour aller à Paris, que Monseigneur de Roquebrun en soit revenu.

— Je partirai ce soir !

— Soit. Nous prendrons le même train jusqu'à la Bastide-sur-Mont... Adieu les grandeurs pour nous ! »

On heurta violemment à la porte de la chambre.

Capdepont alla ouvrir.

« Pourquoi me dérangez-vous ? demanda-t-il durement.

— Monsieur le Supérieur, balbutia l'abbé Turlot, il y a en bas un homme du télégraphe qui porte une dépêche de Paris pour vous. »

Capdepont, sans égard pour la dignité de son allure, ordinairement si majestueuse et si paisible, se précipita vers l'escalier.

Il prit la feuille de papier bleu des mains du facteur et en fit sauter le cachet. Toute sa face s'éclaira d'une sorte de rayonnement.

« Messieurs ! Messieurs ! » s'écria-t-il.

Il ne put en dire davantage, l'émotion l'étouffait...

« Eh bien ? » demandèrent les directeurs, sortant effarés de la Salle des Conférences.

L'abbé Rufin Capdepont entra dans la salle. Par un effort sur lui-même, il récupéra le sang-froid qui avait failli lui échapper, et monta gravement les marches du trône abbatial.

« **Mes amis**, dit-il, le ciel a lancé sa foudre. Je reçois une terrible nouvelle de Paris. Je vous lis la dépêche :

« Monseigneur de Roquebrun est mort
« hier soir, à la suite d'une seconde atta-
« que d'apoplexie. Faites-vous nommer Vi-
« caire-Général capitulaire. Vous recevrez
« des lettres du ministère demain. Surtout
« ne quittez pas le diocèse. Bon espoir pour
« le reste.

« Jérôme Bonnardot. »

— *Le reste,* c'est l'évêché pour vous, n'est-il pas vrai, monsieur le Supérieur ? demanda l'abbé Turlot.

— Nous aurons l'évêque de notre choix ! s'écria l'abbé Mical.

— Et nous ne quitterons pas le grand séminaire, insista Turlot, se frottant les mains.

— Messieurs, ne nous répandons pas en vains discours, dit l'abbé Capdepont, dominant tout de sa voix et de son geste pleins d'autorité. Le moment d'agir est venu. M. l'abbé Mical a prononcé le mot de la situation. Si les prêtres, si tous les prêtres du diocèse me désignent au *choix* du gouvernement, nul doute, en effet, que le gouvernement me choisisse. Il y a dix ans, on signa une pétition en ma faveur; mais l'élan manqua d'ensemble, et l'on n'obtint aucun résultat. Que le passé vous serve de leçon, car ceci vous touche plus que moi... »

Sa poitrine haletait fortement. Il fut contraint de respirer une minute.

« Maintenant, je tiens à vous confesser, mes bien chers confrères, reprit-il d'un ton patelin qu'on ne lui avait jamais connu, que ce n'est pas sans un profond sentiment de terreur que j'accepterais l'épiscopat. Quelle responsabilité écrasante, dans des temps traversés comme les nôtres! Si je m'y résignais jamais, ce serait stimulé par l'espoir que je pourrais, dans ce diocèse dévolu à tant de vicissitudes diverses, tout redresser, tout refaire, tout réparer, *et ea quæ corruerant instaurabo,* a dit le prophète Amos. Dans tous les cas, Dieu veuille qu'on ne nous envoie point encore un homme du Nord !

— Nous entendons que vous soyez notre évêque, et vous le serez ! reprit l'abbé Mical avec force.

— Vous le serez ! » répétèrent tous les directeurs.

Rufin Capdepont avait les yeux au ciel.

« Que la volonté de Dieu soit faite en toutes choses ! » murmura-t-il dévotement.

Puis, tout à coup, d'une voix délibérée :

« Je me rends de ce pas à l'évêché pour prendre en main les affaires du diocèse.

— Et la messe du Saint-Esprit ? s'informa Turlot.

— Elle n'aura pas lieu, puisque vous ne quittez pas cette maison. »

Il descendit de la chaire abbatiale.

Les directeurs se courbèrent devant lui par une inclination d'une servilité honteuse. Ils voyaient déjà leur évêque. Au bras de l'abbé Mical, il passa au milieu d'eux, superbe, et sortit sans les regarder.

IX

LE VICOMTE DE CASTAGNERTE

Quand, vers le soir, la nouvelle de la mort de Monseigneur de Roquebrun se répandit à travers Lormières, la consternation devint générale. Dans le Quartier des Couvents, les églises se remplirent de fidèles empressés de prier pour l'évêque défunt. Parmi ces dévotes et ces dévots, dont une partie, du reste, subissait déjà à son insu le joug de l'abbé Capdepont, la prière était comme un dérivatif naturel à toute tristesse, à tout chagrin.

La douleur fut moins religieuse dans le Quartier des Papeteries, mais elle fut plus humaine. Au premier bruit que Monseigneur de Roquebrun venait de mourir à Paris, les fabriques se fermèrent, et femmes, hommes, enfants s'éparpillèrent par les rues, inquiets, mornes, accablés.

« Et qui nourrira mes vieux parents infirmes? sanglotait une pauvre ouvrière, le visage ruisselant de larmes.

— Quand je songe que Monseigneur a payé le médecin et toutes les drogues, lorsque ma femme et mes enfants furent malades, et qu'encore il me donna de l'argent comptant, murmurait un papetier, secoué par une émotion profonde.

— Vive Monseigneur! » criaient les mioches, ne comprenant rien à ce qui se passait.

Le lendemain, vers les dix heures, une foule compacte envahit tout à coup la place de Saint-Irénée.

La veille, assez avant dans la soirée, le vicomte de Castagnerte était allé au Quartier des Papeteries, où il paraissait rarement, et avait annoncé qu'un grand service funèbre devait avoir lieu dans la cathédrale pour Monseigneur de Roquebrun.

Cette multitude s'agitait beaucoup, et le murmure était immense. Lasse d'attendre elle pénétra dans la basilique. Mais sa surprise fut au comble, quand elle put constater de ses yeux que rien n'avait été disposé pour la cérémonie. Pas le moindre catafalque au milieu de la nef, et, aux vastes murailles, pas la moindre tenture de deuil.

Le vicomte de Castagnerte, se frayant aussitôt un passage, se dirigea vers la sacristie.

Là, le vieux Clamouse, après avoir dit sa messe basse de chaque jour, dépouillait tranquillement ses ornements sacerdotaux. Son grand âge lui ayant à peu près ankylosé les membres, il était aidé dans cette laborieuse besogne par son sacristain ordinaire, auquel s'était joint l'excellent abbé Lavernède, accouru à Saint-Irénée comme par hasard.

« Eh bien! monsieur l'Archiprêtre, dit M. de Castagnerte, le peuple est là, et il commence à s'impatienter.

— Mon cher vicomte, vous me voyez tout préoccupé... Que voulez-vous? Je ne suis pas le maître... Il faut renvoyer le peuple.

— Alors, le service que, hier, vous m'avez promis de célébrer n'aura pas lieu?

— Hier, je me suis engagé, c'est vrai; mais on m'a démontré depuis que j'avais outre-passé mes pouvoirs.

— Comment! s'écria le vieux gentilhomme contenant mal son indignation, vous êtes curé de cette paroisse, et vous n'avez pas le droit d'y dire librement une messe des morts ?

— Oui... certainement... Voyons, vicomte, cette messe n'est pas tout à fait comme une autre...

— En effet, riposta M. de Castagnerte les dents serrées, cette messe est pour Monseigneur de Roquebrun, votre bienfaiteur. N'est-ce pas lui, je crois, qui vous nomma Archiprêtre de Saint-Irénée, doyen du Chapitre de cette cathédrale ?... »

M. Clamouse ne répondit rien. Il plia lentement l'amict qu'il venait de quitter.

« Enfin, insista le vicomte, que faut-il dire à ces pauvres gens, qui ne sont pas allés à leur travail aujourd'hui pour rendre un suprême hommage à celui qui leur fit du bien?

— C'est bien simple, répondit M. Clamouse, dites-leur de s'en aller... D'ailleurs,

M. l'abbé Capdepont, Vicaire-Général capitulaire du diocèse, autoriserait-il le service que vous réclamez, que vous ne découvririez pas, dans Lormières, à onze heures sonnées, un ecclésiastique qui n'eût dit sa messe.

— Pardon, monsieur l'Archiprêtre, intervint l'abbé Lavernède, il en est un encore, c'est moi. »

Le vieux Clamouse regarda l'aumônier des prisons d'un œil tout pétillant de malice.

« Vous êtes un finaud, vous ! lui dit-il.

— Si finaud veut dire homme de cœur vous avez raison, monsieur, » riposta M. de Castagnerte avec un sourire ironique.

L'Archiprêtre gagna le prie-Dieu, à côté du grand vestiaire en chêne, et commença à réciter son action de grâces.

« Courez vite aux bureaux de l'évêché, dit l'abbé Lavernède au vicomte ; vous y trouverez M. Capdepont. Vous fûtes trop l'ami de Monseigneur de Roquebrun pour qu'il vous refuse de laisser célébrer un grand service des morts en son honneur.

— Il me semble que nous pourrions bien

nous passer de la permission de cet éternel Capdepont?

— Peut-être. Mais il nous en coûte si peu de ne pas offenser un homme qui s'irrite au moindre prétexte. Qui sait, d'ailleurs, s'il ne voudra pas donner l'absoute lui-même?

— J'en serais bien fâché!...

— Allez, mon ami... En vous attendant, je calmerai les murmures de ce peuple qui s'indigne, et je préparerai tout pour la cérémonie. »

Au moment où M. de Castagnerte franchissait la porte qui ouvre sur la cour de l'évêché, il se croisa sur le seuil avec le baron Thévenot.

« Tiens, vous voilà, vicomte! lui dit celui-ci. Et où courez-vous de ce pas léger?

— M. Capdepont est-il dans les bureaux?

— Parbleu! il y a élu domicile depuis hier. Mais vous n'allez pas le voir, je suppose?

— Et pourquoi n'irais-je pas le voir?

— Oh! mon cher ami, il est d'une humeur...

— Je sais que la bête est féroce; mais puisqu'elle ne vous a pas dévoré... »

Il fit un pas. M. Thévenot, le retenant :

« En vérité, je comprends la fureur de M. Capdepont. Savez-vous que Monseigneur de Roquebrun n'a pas joué franc jeu avec lui ?...

— Mon cher monsieur, interrompit M. de Castagnerte, non sans quelque mélange de hauteur, dites tout ce que vous voudrez de M. Capdepont, que, votre femme et vous, vous devez connaître profondément. Quant à Monseigneur de Roquebrun, je vous invite à parler de lui avec plus de respect. Celui-là, j'eus l'honneur de le connaître, moi : c'était un saint ! »

Il salua du bout des doigts, puis se dirigea, à droite, vers le petit bâtiment isolé où se trouvaient les bureaux de l'évêché.

M. de Castagnerte frappa à une porte du rez-de-chaussée.

« Entrez ! » glapit la voix grêle, bien reconnaissable, de l'abbé Mical.

Le vieux gentilhomme souleva une lourde cadole en fer forgé.

« M. l'abbé Capdepont? demanda-t-il, s'adressant à M. Mical.

— Que lui voulez-vous, monsieur ? » s'écria le Vicaire-Général capitulaire lui-même, se dressant dans la demi-obscurité de cette salle basse où ne pénétraient jamais les rayons du soleil.

Cet accueil brutal déconcerta un peu M. de Castagnerte, habitué aux grandes manières de Monseigneur de Roquebrun, qui lui rappelaient l'ancienne cour où il avait vécu. Il se remit pourtant.

« Si M. l'abbé Capdepont est là, reprit-il finement, je désirerais avoir l'honneur de l'entretenir une minute.

— Le voici, monsieur le vicomte, » lui répondit M. Mical, qui avait compris.

Et il lui désigna d'un geste poli le farouche abbé.

« Pardon, monsieur le Vicaire-Général, dit le vieillard ; il fait si sombre dans cette pièce que je ne vous avais point aperçu... Comme vous êtes désormais à la tête du diocèse, je viens solliciter l'autorisation de faire célébrer un service...

— Pour votre ami l'évêque Roquebrun? acheva vivement Rufin Capdepont.

— Vous l'avez dit, monsieur, pour mon noble ami, Monseigneur le marquis Gabriel-Armand de Roquebrun, évêque de Lormières.

— Cette cérémonie est prématurée. On verra plus tard.

— Veuillez considérer, monsieur, que tous les ouvriers des papeteries...

— Il appartient à ceux qui ont appelé les ouvriers à Saint-Irénée de prendre le soin d'en débarrasser notre cathédrale.

— *Notre* cathédrale!... Peste, monsieur l'abbé, il paraît qu'on se fait vite au langage épiscopal.

— Chercheriez-vous à insinuer par là que je suis indigne d'exercer l'épiscopat?

— A Dieu ne plaise! Si vous devez être notre évêque, je souhaite seulement que vous ne fassiez pas trop regretter votre prédécesseur.

— L'évêque Roquebrun était mon ennemi! s'écria le paysan de Harros, dont tout le sang bouillonnait.

— Vous vous trompez, monsieur : vous

étiez le sien ! répliqua M. de Castagnerte avec une hautaine dignité.

— Voulez-vous des preuves ?

— Je vous en préviens, il me les faudra irrécusables.

— Écoutez ceci. »

Il alla vers une table chargée de paperasses de toutes sortes, saisit une lettre fraîchement dépliée et revint vers le vicomte.

« J'omets les premiers paragraphes, dit-il, ils me regardent exclusivement. Voici pour M. de Roquebrun :

« ... Sa première visite au ministère
« avait porté un coup mortel à votre can-
« didature. Comment, en effet, lui refuser
« la nomination de son secrétaire comme
« coadjuteur, quand, la veille, le général
« de Roquebrun, qui, prévenu à temps, tra-
« vaillait le terrain depuis quelques jours,
« avait à peu près obtenu l'assentiment de
« l'Empereur ; quand, M. l'abbé Ternisien
« étant assez riche pour faire honneur à sa
« nouvelle situation, son élévation n'impo-
« sait pas la moindre charge au budget ;
« quand surtout le vieux évêque de Lor-

« mières venait d'être atteint si rudement
« dans sa santé ?

« Heureusement, la seconde entrevue
« perdit l'abbé Ternisien et vous ramena
« sur l'eau.

« Dans un entretien fort long, Monsei-
« gneur de Roquebrun dut s'expliquer sur
« les opinions religieuses, politiques, de
« son protégé. Il le fit avec de tels dévelop-
« pements, et je puis ajouter avec une
« franchise si peu habile, qu'il ne pouvait
« subsister désormais dans l'esprit du mi-
« nistre aucun doute : on lui proposait
« d'élever à l'épiscopat un ennemi de l'État.
« Dès ce moment, c'en était fait de M. Ter-
« nisien ; la victoire nous restait. Le gou-
« vernement a essuyé trop d'ennuis avec
« certains évêques, notamment avec ceux
« de Moulins et de Nîmes, pour s'exposer
« volontairement à courir de nouvelles aven-
« tures religieuses. Toute affaire, voire la
« plus simple, se complique, avec Rome, de
« toutes sortes de difficultés.

« Quant à vous, mon cher ami... »

— Mais, monsieur le Vicaire-Général,

ce qui vous touche personnellement ne peut en aucune façon intéresser M. le vicomte de Castagnerte, » interrompit l'abbé Mical, lequel ne voyait pas sans déplaisir ces confidences au moins inutiles.

Capdepont, soumis pour la première fois, rejeta la lettre de M. Jérôme Bonnardot sur la table, et, s'adressant au gentilhomme :

« Eh bien, monsieur, lui demanda-t-il tout frémissant encore de sa lecture, que pensez-vous de cette conspiration ourdie contre moi ?

— Je pense que Monseigneur de Roquebrun, trouvant auprès de lui un ecclésiastique du plus grand mérite, de la piété la plus parfaite, avait plus que le droit, qu'il avait le devoir de lui rendre facile l'accession de l'épiscopat.

— Comment! l'évêque Roquebrun savait, à n'en pas douter, que j'avais été distingué par le ministère, que mon nom figurait parmi les premiers qui devaient être élus, et son voyage clandestin à Paris, ses entreprises contre ma candidature, tout cela vous paraît naturel ?

— Cela me paraît religieux. Monseigneur

de Roquebrun, s'imposant les fatigues qui l'ont tué, se préoccupait, non de vous, monsieur, mais de l'Église.

— Ce qui veut dire, sans doute, que moi je ne m'en préoccupe guère! » s'écria Capdepont, s'avançant hardiment sur M. de Castagnerte.

Le vicomte ne recula pas d'une semelle.

« Vous, vous avez assez affaire de vous préoccuper de vous-même, » lui riposta-t-il d'un ton dédaigneux et tranchant.

Une minute, ces deux hommes, que soulevaient tant de sentiments contraires, restèrent debout l'un en face de l'autre, se mesurant de l'œil comme deux ennemis sur le point d'en venir aux mains.

Mical, épouvanté, ainsi qu'une anguille se glissa entre eux deux pour les séparer.

« Monsieur le vicomte, articula-t-il d'une voix mielleuse, il est tard, et, pour peu que vous perdiez encore du temps, vous ne découvrirez pas dans la ville un prêtre pour dire votre messe. »

M. de Castagnerte ne put s'empêcher de hausser les épaules.

Il sortit.

« Eh bien ? lui demanda l'abbé Lavernède, le voyant enfin reparaître dans la sacristie de la cathédrale.

— Mon cher ami, répondit le vicomte essoufflé, saint Paul a parlé de la *folie de la croix* ; moi, je viens de voir la *folie de la mitre*.

— M. Capdepont ?...

— Savez-vous que, n'eût été mon respect pour sa robe, tout vieux que je suis, j'aurais donné à cet insolent de mon gant à travers la figure.

— *Tigrane* vous a donc mordu ?

— Pas précisément, mais il m'a montré ses crocs.

— Et la messe ?

— Vous pouvez la dire tout de suite. »

L'abbé Lavernède, qui avait déjà revêtu l'aube, croisé l'étole sur sa poitrine, passa la chasuble noire et s'achemina vers le maître-autel.

Les chantres entonnèrent le *Requiem*.

Au même instant, midi sonna à la grande tour de Saint-Irénée.

X

ROME

Cependant la triste nouvelle qui mettait Lormières en rumeur avait volé aux quatre coins du diocèse, et les prêtres, affairés, arrivaient chaque jour en foule. Comme une nuée de noirs corbeaux, curés, desservants, aumôniers, chapelains, s'abattaient sur la ville épiscopale, attirés de loin par l'espoir d'une proie. Sans parler de ceux qui, convoitant les grandes charges diocésaines, se bousculaient sans pitié : celui-ci, auquel avait été infligée quelque censure, venait réclamer contre une ancienne injustice; celui-là, abandonné vingt ans sur la crête d'une montagne inhospitalière, accourait pour solliciter un changement; cet autre, blanchi sous le harnois, ne se traînant plus qu'avec peine dans les sentiers pierreux des Corbières, demandait à être inscrit pour une pension de retraite...

Rares étaient ceux qui, formulant leur requête, gémissant leurs lamentations, donnaient en passant un souvenir à Monseigneur de Roquebrun. Certes, envers la plupart de ces pitoyables quémandeurs, l'évêque défunt s'était montré bon, indulgent, charitable, miséricordieux ; mais il avait le tort irrémissible de s'être laissé mourir, et on l'oubliait.

Il y avait, du reste, dans cet oubli, je ne sais quel mélange de résignation religieuse, de misère profonde, de honteuse lâcheté : on avait peur de l'abbé Capdepont, que chacun voyait déjà s'avancer, la mitre en tête et la crosse en main. Bientôt cet homme, qu'on savait haineux, vindicatif, tiendrait l'honneur, le pain de tous, et presque tous se courbaient humblement. Il est commode de crier contre l'abaissement du prêtre, quand on ignore à quel arbitraire il est asservi. L'autorité sans bornes des évêques a dû produire le servilisme du corps clérical tout entier. Qu'on se rappelle cette parole hautaine prononcée au Sénat, le 11 mars 1865, par le cardinal-archevêque de Rouen :

« Mon clergé est un régiment : il doit
« marcher et il marche ! »

L'abbé Rufin Capdepont, installé dans la salle basse où nous l'avons vu tout à l'heure, faisait le plus aimable accueil à cette multitude de pèlerins intéressés. L'âpreté violente de son ambition assouplissant pour la première fois son caractère, il se montrait à tous serviable, enjoué, charmant. A ce vieillard il donnait une cordiale poignée de main ; à ce gros curé-doyen, rebondissant sous sa graisse, il lançait un mot spirituel sur les austérités de la pénitence ; à ce jeune vicaire, pimpant et pommadé, il appliquait une gentille tape sur la joue, ayant l'air de s'exercer d'avance à administrer la Confirmation.

Du reste, il annotait gravement leurs suppliques, quelles qu'elles fussent, promettait de s'occuper de leurs affaires comme des siennes propres, et finalement les adressait l'un après l'autre à l'abbé Mical, son âme damnée, lequel, embusqué en un coin obscur, les faisait trébucher dans le traquenard de la pétition au gouvernement et les renvoyait satisfaits.

Pourtant, bien que les choses allassent pour le mieux, — en trois jours on avait recueilli plus de cent cinquante signatures, — l'abbé Capdepont paraissait soucieux. Après le long défilé de tous ces prêtres, auxquels il était tenu par son rôle de prétendant à l'épiscopat d'adresser tantôt une flatterie, tantôt une caresse, il tombait parfois en d'inexplicables accablements. Ces faiblesses étaient d'autant plus surprenantes, que, informé chaque matin par M. Jérôme Bonnardot de l'état de ses affaires à Paris, il n'avait aucun motif de s'alarmer.

Que se passait-il dans cet esprit tumultueux comme une mer, quand venait à souffler le moindre vent contraire?

L'abbé Mical ne comprenait rien à cet état, qui souvent fut voisin de la syncope, et en était arrivé à se demander si Rufin Capdepont était bien encore l'homme impétueux, énergique, ferme, qu'il avait autre fois connu. Que signifiait une pareille prostration de forces, lorsqu'il touchait au but de tous les efforts de sa vie ?

Le professeur de *morale* craignit que Capdepont n'eût vieilli tout à coup.

— Hélas ! pensa-t-il, l'âge amène de telles dépressions physiques et morales !

Il le suivait des yeux avec inquiétude, soit qu'il se promenât de long en large à travers la grande pièce où ils s'étaient retirés ainsi qu'en un sanctuaire inviolable, soit que, en proie à ses découragements inconnus, il respirât étendu dans un fauteuil, la bouche mi-ouverte et haletant comme un homme harassé.

— Il souffre ! se disait-il à lui-même ; et il n'osait l'interroger.

Un matin, l'abbé Capdepont, qui depuis plus de deux heures n'avait desserré les dents, se leva brusquement du siège où il était assis, et, avec des gestes de désespoir, s'écria :

« Non, Mical, non, Mical, je ne le serai pas, je ne le serai jamais !

— Comment ! Veux-tu dire que tu ne seras pas évêque ? »

Capdepont, par un mouvement frénétique, saisit sur la table, parmi les paperasses empilées, une enveloppe décachetée et en retira une lettre.

« M. Bonnardot, dit-il, est un homme sage, il n'avance rien dont il ne soit parfaitement sûr. Or, as-tu réfléchi à cette phrase qu'il m'envoie ce matin de Paris? Pour moi, elle m'a atteint en pleine poitrine comme un coup de poignard. »

Il lut :

« ... Ici, je ne vois plus aucun obstacle à
« votre nomination. Si, au moment décisif,
« il en surgissait quelqu'un, il ne pourrait
« venir que de Rome. J'ai pu savoir que, de
« ce côté, Monseigneur de Roquebrun, avant
« même de quitter Lormières, avait tenté
« d'actives démarches en faveur de son
« protégé, et un de mes amis, attaché à la
« Nonciature Apostolique, m'a avoué que,
« la veille même de sa mort, l'évêque défunt
« avait vu le Nonce et lui avait présenté
« M. l'abbé Ternisien... »

« C'est par là que je périrai, Mical; c'est

par toutes ces manœuvres odieuses que l'évêque Roquebrun aura réussi à me porter le dernier coup.

— Rassure-toi, tu n'es pas mort encore. Ce n'est pas à la Nonciature que le gouvernement va chercher ses évêques. Que ta nomination paraisse au *Moniteur*, et Rome s'inclinera. »

Rufin Capdepont reprit sa promenade.

« Depuis quelques jours, murmura-t-il, j'étais agité de sombres pressentiments. Cette dernière nuit, j'ai fait un rêve horrible... Dans cet accablant cauchemar, j'assistais à mon propre naufrage... Ces imaginations nocturnes vous secouent comme de poignantes réalités... J'en tremble encore... Je gravissais un escalier tournant en spirale au milieu d'une tour. Au haut de cette tour, en tout semblable à celle de Saint-Irénée, luisaient dans la lumière et étincelaient sur un plateau d'or tous les attributs de l'épiscopat : la mitre, la crosse et l'anneau... Je les voyais distinctement... Je montais, je montais, je montais. Enfin j'atteignis la dernière marche. O désespoir ! elle était inaccessible... Figure-toi, Mical, un cube de granit mesurant dix mètres de hauteur et présentant à l'œil une surface parfaitement unie. Il faudrait aller à mon village de Harros, parmi les décombres des Pyrénées gigantesques, pour découvrir un bloc pareil... Comment tenter l'escalade de cette masse résistante et polie? Où engager le pied? Où accrocher la main? Une sueur froide inondait mon front, tout mon visage, et j'avais besoin de temps à autre de tourner les yeux vers la mitre éblouissante pour ne pas sentir tout courage m'abandonner... A force de tâter l'énorme roche dans tous les sens, je lui découvris quelques légères fissures. Le temps fait son œuvre, même sur le granit. Avec mes ongles, que la rage rendait plus durs et plus aigus, je détachai quelques menus fragments... Je ne te dirai pas, Mical, avec quels transports de joie je vis la pierre s'émietter peu à peu. J'en viendrais à bout peut-être, et mon cœur se gonflait dans ma poitrine à la remplir et à m'étouffer...

« Enfin, après plusieurs heures d'un travail haletant, acharné, tout était prêt pour l'assaut. Je m'élançai sans la moindre hésitation. Mes pieds et mes mains avaient pris tout à coup l'apparence de véritables griffes. J'enlaçai le granit aussi étroitement que l'eût fait un reptile, et je pus me mouvoir avec facilité. Je m'en souviens, ma peau collée à la pierre en ressentait la fraîcheur, et, faisant corps, pour ainsi dire, avec elle, j'avançais lentement, sûrement, vers le plateau d'or où gisaient toutes mes convoitises, toutes mes fièvres, toutes mes folies. Quelle peine ! Quels efforts ! Quels vertiges ! Mais aussi quels tressaillements de toutes mes fibres, en constatant que j'avançais toujours !...

« La mitre et la crosse entre-croisées étaient là rayonnantes : j'y touchais presque... Fasciné, ébloui, n'y tenant plus, je détachai simultanément mes deux mains pour les saisir et les emporter. O effroyable catastrophe ! je sentis mes pieds manquer subitement d'appui, et, du haut de Saint-Irénée, je fus lancé dans l'espace... Le coup que je reçus, quand ma tête se brisa contre le pavé de la rue, me réveilla en sursaut... Si je t'avouais, Mical, que le front me fait mal encore, et que, depuis ce matin, il m'est arrivé de le tâter à plusieurs reprises, me demandant si, en effet, il n'avait pas été entamé ! »

Capdepont frémissait de tous ses membres, son œil était hagard.

« C'est un enfantillage, interrompit le professeur de *morale*. Voyons, soyons sérieux.

— Sérieux ! je le fus toujours. Mais tu n'empêcheras pas que l'Écriture ne nous présente de nombreux rêves envoyés par Dieu comme des avertissements. D'ailleurs, la lettre reçue de Paris ce matin ne nous fait-elle pas entrevoir des obstacles auxquels nous n'avions pas songé ?... Rome, voilà le bloc de granit de la tour.

— Au bout du compte, s'écria Mical, pourquoi le Saint-Père s'opposerait-il à ta nomination, si tant est, ce dont je doute, qu'il soit consulté ? Et si tu es nommé, pourquoi refuserait-il de te préconiser ? En dépit de ta publication sur l'Assemblée du Clergé de 1682, tu n'as jamais, que je sache, émis des opinions qui ne soient parfaitement orthodoxes.

— A Dieu ne plaise !... En attaquant certains privilèges du Pontife Romain, je le proclame hautement, je n'eus jamais l'intention de porter la moindre atteinte à la sainte Église, ma mère.

— Eh bien, alors ?... J'espère que ce ne sont pas tes mœurs qu'on osera incriminer

— Je fus chaste, dit-il, avec une simplicité émue, qui ne laissait aucun doute sur ce côté si délicat et si intime de sa vie.

— Tu vois donc... »

XI

LE MINISTÈRE DES CULTES

L'abbé Mical était assis sur une chaise de grosse paille, un coude appuyé à la table. Il paraissait perdu en de profondes réflexions.

Capdepont poussa le fauteuil auprès duquel il se tenait debout, se rapprochant du professeur de *morale*. Il s'assit à son tour.

« Mon cher ami, dit-il, prenant dans ses mains les mains de Mical...

— Mais tu as la fièvre? interrompit celui-ci à ce contact brûlant.

— Mon cher ami, reprit le Vicaire-Général sans se laisser détourner de ses préoccupations, c'est en vain que tu t'efforces de me rassurer : j'ai des peurs d'enfant, j'ai des peurs terribles. Et sais-tu, à l'instant suprême où se débat ma destinée, d'où me viennent ces terreurs qui me secouent, me brisent, me terrassent? Désormais, ce n'est plus de Paris, ce n'est plus même de Rome, c'est de Là-Haut! »

Il leva un doigt et montra le ciel.

« Mical, poursuivit-il, en toute cette affaire où ma vie se trouve engagée, je n'ai pas assez invoqué le nom de Dieu... Je tremble... Certes, quand l'idée de m'élever jusqu'à l'épiscopat envahit pour la première fois mon esprit, je ne pensais qu'à l'Église. C'était pour la gloire de l'Église uniquement que je songeais à gravir les échelons de la hiérarchie. Devenir comme un soutien pour elle, c'était si beau! J'étais alors dans la jeunesse, et bien que j'éprouvasse déjà certains mouvements d'irrésistible orgueil, les luttes si âpres de l'ambition n'avaient encore étouffé en moi ni l'enthousiasme ni la naïveté. Heureux temps de mon humble vicariat à Saint-Frumence et à Saint-Irénée! Hélas! que de chutes depuis...! J'ai voulu devenir évêque, et peut-être le serai-je un jour. Mais qui dira mon long martyre et les abaissements où j'ai dû descendre ;...

« Oh ! il y a quelque chose de révoltant dans la situation humiliante que les lois civiles ont faite aux prêtres à qui leur intelligence et leur vertu donnent le droit d'aspirer aux dignités ecclésiastiques. En vérité, si on ne pouvait revenir à l'élection des évêques par les fidèles, comme cela se pratiqua saintement dans la Primitive Église, pourquoi ne point ériger le clergé de chaque diocèse en corps électoral, et ne point lui permettre, à la mort de son premier pasteur, de pourvoir lui-même à la vacance du siège ? On aurait sauvegardé ainsi la dignité et l'honneur du prêtre en général, la dignité et l'honneur du Souverain Pontife, tenu de ratifier chaque jour, et souvent malgré lui, les choix imposés par les gouvernements. Mais non ! Il fallait que, après avoir asservi toutes les institutions à sa volonté, le Premier Consul asservît également l'Église. Les évêques, pouvant devenir pour lui comme les préfets des consciences, il lui importait de tenir dans sa main ces nouveaux agents de son pouvoir. C'était là un nouvel instrument de domination, *instrumentum regni*...

« Aussi qu'est-il arrivé ? L'Église, ayant accepté ou subi les Concordats, ces chaînes de fer qui la lient désormais à la politique des nations, a dû recevoir le contre-coup de tous les évènements. Elle, faite pour planer dans le ciel bien au-dessus des peuples et des rois, quand on l'a vue amalgamée, confondue avec les intérêts terrestres les plus misérables, on l'a prise en haine ou en mépris. Puisque, au lieu de conserver son indépendance divine, elle s'était inféodée au prince quel qu'il fût, n'était-il pas naturel que, dans nos révolutions trop fréquentes, les foules aveugles et hostiles lui imposassent sa part de responsabilité ?...

« Ah ! Mical, continua-t-il avec une tristesse pénétrante, tandis que je courais cette carrière hasardeuse de l'ambition, que je m'égarais, en compagnie de la famille Thévenot, désormais attachée à mon œuvre, dans les agissements obscurs de l'intrigue, que de fois je me sentis abreuvé d'amer dégoût ! Ma première visite au ministre des cultes fut une station douloureuse et poignante. Certes, M. Bonnardot, qui ne me quittait pas, ne négligea rien pour me dissimuler les ennuis de ma démarche. Mais je dus m'asseoir dans une antichambre, au milieu de vingt autres solliciteurs, et là je mesurai toute la profondeur de mon abjection. Figure-toi que le hasard m'avait placé vis-à-vis d'une grande glace et que, pour peu que je relevasse la tête, je me voyais avec ma mine piteuse, tournant mon chapeau entre mes doigts, ne sachant comment me tenir. Aucun mot ne te peindra le mal que me procurait la vue de ma soutane, de ma ceinture, de mon rabat. Quoi! j'étais prêtre, c'est-à-dire élu par Dieu dominateur, pacificateur, purificateur des âmes, et maintenant je me trouvais sur la banquette usée d'une antichambre, les mains aux genoux, l'œil éteint, l'échine arrondie, comme un esclave prêt à recevoir le bâton! Mical, j'ai bu cette honte... »

A ce souvenir, il ne put tenir en place; il se leva, et, gesticulant avec une sorte de fureur, fit de nouveau quelques pas à travers la salle basse.

« Franchement, lui dit le professeur de *morale*, je t'eusse cru plus aguerri.

— Aguerri ! » s'écria-t-il.

Il s'arrêta. Puis, fixant sur son ami des yeux où par moments passaient des éclairs :

« Ah çà ! penses-tu vraiment que tous ces hommes entassés dans l'antichambre du ministre, que le ministre lui-même me fissent peur ? Je me faisais peur à moi-même, imbécile ! voilà tout. Sais-tu ce qui me rendait timide, contraint, embarrassé ? C'était l'excès de ma force. Cela arrive à certains hommes trempés comme je le suis. D'ailleurs, le caractère sacerdotal, que je ne ressentis jamais aussi vivant, pesait sur moi de tout le poids que Dieu y a attaché et m'écrasait... *Tu es sacerdos in æternum!* Une voix me criait ces terribles paroles... J'eusse été laïque, que je me fusse tenu fièrement sur cette banquette d'ignominie ; mais j'étais prêtre, et comme un prêtre ne doit jamais être surpris avouant des motifs ignobles et que ma présence en cet endroit renfermait tout un aveu, je courbais honteusement le front. Admis chez un évêque, chez un cardinal, chez le Souverain Pontife lui-même, le simple desservant peut conserver une attitude pleine de dignité ; chez un ministre, il ne peut être que bas, à moins qu'il ne soit insolent. C'est étrange ! quand mon tour arriva de paraître devant le haut fonctionnaire que j'étais venu solliciter, je sentais ma poitrine pleine d'emportements farouches. J'étais humble, et volontiers je me fusse révolté. Que le ministre, personnage empesé et solennel, m'eût dit un mot maladroit, et j'éclatais... Pourquoi tant de colères contenues ? vas-tu me demander. Parce que, en dehors de la sainte hiérarchie de l'Église, il ne saurait exister de supérieurs pour nous. Nous ne sommes pas faits pour nous courber devant les laïques, mais les laïques sont faits pour tomber à nos genoux. C'est à nous qu'il a été dit : « *Vous êtes le sel de la terre !* »

— Avec de telles idées, il fallait, à ta sortie du grand séminaire, te faire nommer curé de Harros, et demeurer là jusqu'à la consommation des siècles.

— Et qui te dit que, dans mes longues années de fièvre, je n'ai pas regretté plus d'une fois de ne l'avoir pas fait ? »

Mical, souriant finement :

« Eh bien ! tu peux te satisfaire aujourd'hui. Puisque te voilà la première autorité du diocèse, que ne te nommes-tu toi-même desservant de tel village qu'il te plaira de choisir ?

— Tu railles, et tu ne vois pas ce que je souffre ! » articula Capdepont d'une voix profonde.

Mical quitta sa chaise, et, par un mouvement affectueux, saisissant les mains de son ami :

« Allons, lui dit-il d'un ton câlin, assez d'exagération comme cela. C'est le moment d'y voir clair, non de se laisser troubler la vue par les fantasmagories de l'imagination. Ah ! on a bien raison de te reprocher de ne pas être un homme pratique ! Peut-être as-tu du génie, mais assurément tu manques souvent de sens commun...

— Passons.

— De quoi s'agit-il, après tout ? Tu crains que si l'Empereur te nomme évêque de Lormières, le Souverain Pontife, prévenu contre toi, ne refuse de te préconiser. Je ne suis pas moi-même sans quelque appréhension à cet égard, mais je ne m'exagère rien. Si Monseigneur de Roquebrun jouissait d'assez de crédit au Vatican pour y faire écouter ses plaintes, je me souviens qu'on n'est pas à Rome, dans une situation à montrer trop d'hostilité aux décrets de notre gouvernement. Le Pape vit de la protection de l'armée française.

— Mais sais-tu ce que peut avoir inventé pour me perdre la haine de M. de Roquebrun? As-tu oublié qu'en pleine Salle des Conférences, devant le diocèse assemblé, cet homme, tout à fait indigne du caractère épiscopal usurpé par de basses intrigues, eut l'audace inouïe de lever la main contre moi et de murmurer des formules d'exorcisme?

— La scène est encore devant mes yeux. Il te compara à Lucifer, prince des ténèbres... Mais, je t'en prie, ne nous exaltons point dans le désert, c'est inutile.

— Alors, évite de prononcer le nom de Roquebrun! » s'écria Rufin Capdepont, dont la nature sauvage, un moment matée par le découragement, se soulevait de nouveau.

L'abbé Mical se recueillit quelques minutes. Tout à coup, abattant ses larges mains sur les maigres épaules de son ami, le Vicaire-Général le secoua à le renverser.

« A quoi penses-tu donc ? » lui demanda-t-il, plongeant ses yeux clairs, phosphorescents, dans les yeux de Mical, qui fut épouvanté et baissa la tête.

Cependant le professeur de *morale*, sa main droite aux lèvres, réfléchissait toujours et ne soufflait le mot.

« Par pitié ! murmura Capdepont d'une voix presque suppliante.

— Je pense, articula lentement Mical, que, quels que soient les rapports envoyés contre toi, en cour de Rome, il existe un moyen de les mettre à néant.

— Un moyen ? »

La face du Vicaire-Général capitulaire, hideusement contractée, se dérida.

« Il suffirait de tenter pour Rome ce que nous venons de réaliser pour Paris.

— Une pétition ?

— Non ; mais une longue requête au Pape, où seraient établis ta parfaite orthodoxie et ton immuable attachement à l'autorité du Saint-Siège.

— Et qui se porterait garant de ces opinions ? Dans le fond, elles sont les miennes ; mais, par mes démarches à Paris, auprès d'un gouvernement acharné à la recherche des gallicans, n'ai-je pas eu l'air de les trahir ?

— D'abord des extraits nombreux de tes ouvrages ; puis les signataires...

— Les signataires ?... La plupart des prêtres appelés à Lormières sont rentrés dans leurs paroisses. Faudra-t-il les convoquer de nouveau ?...

— Et qu'avons-nous besoin de tout ce monde !... Que le Chapitre seulement réponde de toi. Onze signatures, je n'en veux pas davantage.

— Le Chapitre ! s'écria Rufin Capdepont. Ah ! Mical, tu as parfois des idées excellentes...

— En France, les Chapitres de nos cathédrales se trouvent confinés dans des attributions si insignifiantes, qu'ils ne sont, en réalité, qu'une luxueuse inutilité autour de l'évêque. A Rome, c'est autre chose : ils ont conservé tout le prestige des anciennes fondations ecclésiastiques, et tu devines le poids...

— Certainement.., Mais es-tu sûr du Chapitre de Lormières ? Je redoute trois ou quatre récalcitrants...

— Les chanoines obéiront à leur doyen, et le vieux Clamouse, malgré sa faiblesse de l'autre jour, marche avec nous. D'ailleurs, c'est à vaincre les résistances qui pourraient se manifester que je cours employer ma stratégie. »

Léger comme un écureuil, il sauta sur son chapeau.

Capdepont regardait Mical avec étonnement et curiosité.

« A ce soir des nouvelles ! » dit le professeur de *morale* gagnant la porte.

Capdepont fit deux pas vers lui. Puis, l'arrêtant tout à coup :

« Mon ami, lui dit-il, tout à l'heure je regrettais, en cette grande chose, — mon élévation à l'épiscopat, — d'avoir négligé le nom de Dieu. Si, au moment de tenter ces suprêmes démarches, nous nous jetions à genoux ?... »

Sa voix tremblait.

Mical, saisi, se laissa conduire par la main jusqu'à la table. Au-dessus des paperasses amoncelées, un beau crucifix d'ivoire étendait ses bras jaunis.

Ils se prosternèrent sur la dalle nue.

XII

LA VOIX DU CRUCIFIX

Le lendemain matin, l'abbé Capdepont quitta de fort bonne heure le grand séminaire, où il demeurait toujours, et courut s'enfermer seul dans la vaste salle des bureaux de l'évêché. Plusieurs lettres l'attendaient sur un coin de la table, qu'une main inconnue avait déblayée des papiers inutiles. Le Vicaire-Général éparpilla vivement le tas des correspondances, et son œil, s'arrêtant sur une petite enveloppe carrée presque entièrement couverte d'une grosse écriture, étincela.

Capdepont lut avidement... Son visage s'épanouit; ses lèvres ébauchèrent un sourire... Il tourna le feuillet et continua...

Soudain toute sa face se rembrunit, et son front, lisse auparavant, se plissa d'une tempe à l'autre.

« C'est la défaite! » murmura-t-il.

Il froissa la lettre dans ses longs doigts osseux. Ses dents grincèrent. Il se laissa choir sur une chaise, comme fléchissant sous un coup qui lui aurait été violemment asséné.

La lettre, dont les premières lignes avaient eu le privilège de faire sourire le terrible chanoine, dont les dernières l'avaient en quelque sorte atterré, était du baron Thévenot. Expédié en toute hâte à Paris pour l'affaire que, depuis des années, on avait su faire sienne, l'ancien député rendait un compte fidèle de ses démarches.

« ... Il était parvenu à intéresser à la candidature de l'abbé Capdepont son vieil ami Dupin aîné, aujourd'hui sénateur, procureur général à la Cour de cassation. Il ne pouvait douter que l'intervention plus que bienveillante de l'auteur du *Manuel du droit ecclésiastique* ne portât le dernier coup aux hésitations de l'Empereur...

« Il était malheureusement certain que, malgré les instances de l'Impératrice, toujours fermement attachée au succès de son protégé, l'Empereur, travaillé par le général de Roquebrun, héritier des rancunes de son frère, hésitait entre l'abbé Capdepont et l'abbé Ternisien. L'abbé Ternisien possédait une grande fortune, considération qui, aux yeux du gouvernement, avait bien son importance. Un évêque riche fait du bien à la religion et à l'État...

« Le décret, du reste, était rédigé. La question était de savoir quel nom y figurerait...

« Quant à l'abbé Ternisien, qu'il aurait bien voulu voir pour le sonder, il n'avait pu le rencontrer à Paris. Après avoir fait procéder longuement à l'embaumement de son protecteur, l'abbé s'était éclipsé. On présumait qu'il avait pris le chemin d'Arras, où la famille de Roquebrun attendait, pour l'inhumer sans doute avec pompe, le corps de l'ancien évêque de Lormières.

« **Les agissements de l'abbé Ternisien voulaient être surveillés, et il les surveillerait attentivement...** »

Ce Ternisien, qui se jetait à la traverse de son ambition, précipitait Rufin Capdepont dans les cruelles alternatives de la confiance et du désespoir. En vérité, était-il possible qu'on osât lui opposer un homme à peine âgé de quarante ans, tout à fait inconnu dans l'Église, ne lui ayant jamais rendu le moindre service ni par sa parole ni par ses écrits ? Qu'était, en effet, ce jeune ecclésiastique, sorti tout frais émoulu du couvent des Franciscains de Tivoli, sans œuvres et sans réel mérite, comparé à lui qui, depuis vingt ans, n'avait pas cessé un seul jour de parler ou d'écrire ; qui venait de doter le sanctuaire de plusieurs générations de prêtres distingués et vertueux ; qui avait réédité l'œuvre entière de saint Thomas d'Aquin, publié plusieurs *Traités,* dont l'un, *de Auctoritate,* était classique dans plus de trente séminaires ; commenté les admirables *Soliloques* de saint Augustin ; qui, en ce moment même, réunissait des renseignements pour éclairer un point d'histoire resté obscur : *Les Rapports du pape Sixte-Quint avec le roi Philippe II d'Espagne ?*

Parfois, gonflé par le sentiment de sa supériorité incontestable, Capdepont en arrivait à prendre son rival en pitié.

« Allons donc ! se disait-il avec un mouvement dédaigneux des épaules, nous ne sommes point faits pour nous heurter les coudes sur le même chemin. »

Il ne pouvait plus en douter pourtant : c'était bien l'ancien secrétaire de M. de Roquebrun qui se dressait devant lui.

Capdepont resta immobile, l'œil attaché sur la lettre de son agent Thévenot. Le papier de la malencontreuse épître s'effilochait en lambeaux entre ses doigts crispés...

Que tenterait-il ?

Il réfléchissait...

Brusquement, il leva les deux bras et les laissa retomber sur le bord de la table. Les paperasses frémirent. Plusieurs liasses, se détachant, s'éparpillèrent sur le sol. Une effroyable colère s'amassait, et si, comme l'a dit Sénèque, *il y a dans l'homme un dieu et une bête liés ensemble,* on peut dire que, chez notre forcené, le tigre entrevu par ses condisciples avait rompu sa chaîne et commençait à rugir.

Ainsi qu'il en avait l'habitude, quand des pensées orageuses l'agitaient, Rufin Capdepont se mit à marcher presque sans s'en apercevoir. Il allait d'une muraille à l'autre, les sourcils froncés, sa rude chevelure hérissée comme une crinière, tantôt gesticulant, tantôt parlant. Le commentateur des *Soliloques* du grand Augustin, une nature impétueuse aussi, mais domptée par la charité, *caritate,* comme il l'a dit lui-même, s'abandonnait à son tour à la douceur amère de laisser couler librement sa pensée dans la solitude.

Durant sa promenade effrénée, il se raconta minutieusement à lui-même le long supplice de toute sa vie.

Il y avait vingt ans environ que le mal avait commencé... Il se complut dans le souvenir de son séjour à Paris. Tout lui paraissait beau alors; l'avenir s'ouvrait immense et rayonnant devant lui; d'ailleurs, il était si jeune! Oh! sa jeunesse!.,. Soudain, par un bond de sa pensée, il alla à Monseigneur de Roquebrun. Il s'arrêta court. Enfin, son irréconciliable ennemi émergeait de l'ombre : il était là, il le touchait...

Capdepont, un moment tenu en arrêt, n'osa ni faire un pas, ni articuler un mot. L'excès de sa haine le rendait impassible, muet, glacé. Ses yeux brillaient comme des charbons ardents, dirigés sur l'être imaginaire qu'il croyait voir poser devant lui. Par un effort, il décolla ses pieds rivés aux dalles et fit un pas : sa langue, inerte, se délia en même temps.

Dans une sorte d'hallucination furibonde, le chanoine, affolé, dépassa toutes les bornes. Tout à l'heure, il avait accusé M. Jérôme Bonnardot de négligence, la famille Thévenot d'ineptie, l'archevêque de Paris, auquel il avait arraché une promesse de le servir, d'égoïsme, tous ses amis d'imbécillité ou de couardise; mais que ne dit-il pas de Monseigneur de Roquebrun ?

Pour lui, le dernier évêque de Lormières était le vrai coupable, peut-être le seul coupable. Après lui avoir adressé les plus odieuses invectives, il alla, dans sa rage démoniaque, jusqu'à refuser au pauvre défunt les notions de la plus stricte probité. Ayant été mis à même de constater un déficit de 3,000 francs dans la caisse diocésaine, déficit que justifiaient amplement les abondantes aumônes de Monseigneur de Roquebrun, comme il l'avait déjà appelé voleur de mitre, il l'appela voleur d'argent.

En vérité, l'homme est-il ainsi fait que la passion le puisse ravaler à ce point? Hélas! oui, l'homme est ainsi fait. Rufin Capdepont, plus faible, eût été modéré peut-être; Rufin Capdepont, énergique, absolu, né pour la domination, par la loi même de son sang et de ses nerfs, devait se montrer excessif. Chez certaines natures, à quelque catégorie sociale qu'elles appartiennent d'ailleurs, il existe comme d'inéluctables férocités.

Un bruit se fit tout à coup : une voix avait parlé dans le silence de la vaste pièce...

Le Vicaire-Général, qui, à cette minute même, déchirait à belles dents l'abbé Ternisien, cette pierre d'achoppement que l'évêque Roquebrun lui lançait du fond de sa tombe, saisi d'une frayeur subite, resta coi au milieu de son apostrophe enflammée...

D'où venait ce bruit qu'il avait perçu très distinctement?

Effaré, il regarda aux quatre coins de la chambre et le long des murailles nues. Rien. Il leva ses yeux hagards vers la table. O épouvante! ô miracle! il lui sembla que le crucifix d'ivoire remuait la tête. Qui sait? Peut-être venait-il de parler. Qu'avait-il dit?...

Il écouta...

Rufin Capdepont tremblait de tous ses membres; car ni ses longues études, ni son frottement avec les hommes, n'avaient aboli dans ce caractère entier la superstition. Prêtre et paysan, il croyait toujours au merveilleux... Dieu était intervenu... Dieu le jugeait... Dieu le menaçait peut-être!...

Il s'approcha de la table avec respect, et, pliant les deux genoux devant le divin Crucifié, comme il avait fait la veille avec Mical, il se recueillit et pria.

XIII

LE CHAPITRE DE SAINT-IRÉNÉE

C'est dans cette posture si naturelle à un prêtre que le Chapitre de Saint-Irénée, guidé par l'abbé Mical, surprit Rufin Capdepont. Le doyen Clamouse s'avança et toucha du bout de ses doigts tremblants l'épaule de son confrère prosterné. Celui-ci se retourna vivement à ce contact : son visage était pâle, et l'on pouvait démêler sur ses joues brillantes par places comme le passage de larmes récentes. La prière, cette hache sacrée mise à la portée de l'homme, lui avait-elle ouvert le cœur ? Avait-il pleuré ?...

Il se leva et salua les membres du Chapitre...

«Monsieur le Vicaire-Général capitulaire, lui dit l'archiprêtre Clamouse, au moment où les chanoines de cette cathédrale, avec tout le clergé du diocèse, se réjouissaient, dans l'espoir de votre prochaine intronisation au siège de Lormières, un bruit s'est répandu qui les trouble et les inquiète. Désireux de pousser son secrétaire intime jusqu'à l'épiscopat, Monseigneur de Roquebrun, la veille même de sa mort, vous aurait dénoncé au Souverain Pontife comme entaché d'opinions hétérodoxes. Le Chapitre de Saint-Irénée ne pouvait demeurer insensible à la calomnie qui l'atteint dans son membre le plus illustre, et lui, qui connaît la pureté de vos doctrines, qui de longue main a lu vos ouvrages, vient de rédiger la protestation suivante, qu'il adresse aujourd'hui même au Vatican. »

Alors, l'Archiprêtre, avec autant d'énergie, de solennité que son âge lui permit de le faire, lut six longues pages, où se trouvaient amalgamées bon nombre de citations extraites des livres du Supérieur du grand séminaire. Le tout avait été rédigé dans ce latin à la fois facile et barbare, inconnu de la Rome des Césars, mais que la Rome des Papes a popularisé dans le monde entier.

L'abbé Capdepont avait écouté gravement, sans sourciller.

« Messieurs, répondit-il enfin, je ne puis que me montrer profondément touché de la bienveillance et de la délicatesse des démarches que vous tentez auprès du Saint-Père pour ma réhabilitation ; je vous remercie particulièrement, vous, monsieur l'archiprêtre Clamouse, qui fûtes toujours le premier à prendre l'alarme quand il s'agit de ma défense, qui luttâtes incessamment pour moi contre mes ennemis. J'ignore quel sort est réservé à cette pièce importante qui part pour Rome; mais je ne puis douter, si elle est placée sous les yeux du Pape, qu'elle ne mette à néant les fausses imputations de l'évêque Roquebrun. J'ai écrit une préface à la *Déclaration* de Bossuet. Mais qu'est-ce à dire ? Parce que, à l'exemple du grand évêque de Meaux, j'ai formulé certaines réserves en faveur de notre vieux droit ecclésiastique français, prétend-on inférer de là que je me sois mis en état de rébellion contre le Souverain Pontife ? Pie IX, plus éprouvé que ne le fut aucun de ses prédécesseurs, sait trop bien à quelles contraintes nous obligent les lois civiles dont on a garrotté l'Église, pour s'arrêter aux accusations qu'on n'a pas craint de lancer contre moi... Messieurs, vous dont les yeux comme le cœur furent constamment tournés vers Rome, cette lumière céleste, *lumen in cœlo*, vous faut-il ma confession? Opprimé par les Concordats, je suis gallican, ne pouvant être ultramontain. M'avez-vous compris ?... Que le gouvernement, qui s'est arrogé si indûment le privilège de nommer les évêques, — de *nommer*, m'entendez-vous! — arrête son choix sur Rufin Capdepont, et Rufin Capdepont prouvera d'une manière éclatante que, comme vous tous, il aime Rome et déteste Paris.

— Vive Pie IX ! s'écria l'abbé Mical, levant un bras vers un portrait du Pape appendu à la muraille.

— Vive Pie IX ! répéta Capdepont avec enthousiasme.

— Vive Pie IX ! » redirent tous les chanoines en chœur.

Un coup sec retentit à la porte.

L'abbé Mical alla ouvrir.

O surprise ! Sur le seuil, apparut, pâle, défait, couvert de poussière, l'ancien secrétaire intime de Monseigneur de Roquebrun, l'abbé Ternisien.

« Comment, vous ici ! Vous, étranger à ce diocèse, vous osez !... s'écria Rufin Capdepont, bondissant pour lui barrer le passage.

— Monsieur le Vicaire-Général capitulaire, dit l'abbé Ternisien avec une grande douceur, j'arrive de Paris à l'instant. J'ai ramené le corps de Monseigneur de Roquebrun.

— Il n'y avait donc pas de place dans le cimetière d'Arras pour recevoir ce cadavre ?

— Ignorez-vous, monsieur, que, depuis des siècles, les évêques de Lormières sont inhumés dans les caveaux de la cathédrale ?

— Dans les caveaux de Saint-Irénée, l'évêque Roquebrun !

— Une coutume ancienne...

— Et vous avez compté sur moi pour procéder à cette inhumation ?

— Sur vous, oui, monsieur... Mais, à votre défaut, sur la ville de Lormières, qui saura faire à son évêque défunt des funérailles dignes de lui.

— Un scandale ?

— C'est vous qui l'aurez voulu... Déjà la population tout entière se porte vers la gare, et les femmes du Quartier des Papeteries, qui n'ont pas oublié leur bienfaiteur, jonchent de branches de cyprès les rues que le cortège doit traverser.

— Le cortège !... De quel cortège parlez-vous, je vous prie ? demanda l'abbé Capdepont avec un étonnement ironique.

— De celui à la tête duquel votre titre de Vicaire-Général capitulaire vous fait un devoir de marcher.

— Mon devoir ! Vous osez parler de mon devoir, monsieur ? Je ne l'ai jamais déserté, et plût au ciel que l'évêque Roquebrun se fût montré toujours esclave du sien ! Le diocèse ne doit rien à cet homme, qui le remplit de désastres et de ruines. N'est-ce pas lui qui, sous prétexte de réformer notre liturgie, la bouleversa de fond en comble ? N'est-ce pas lui qu'on trouva toujours impitoyable pour les misérables desservants de nos campagnes? N'est-ce pas lui qui, tout dernièrement encore, expulsait du grand séminaire les ecclésiastiques les plus respectables et les plus distingués? Enfin, n'est-ce pas lui qui, s'élevant contre le désir manifeste de tout le diocèse de me voir, un jour, occuper le siège de Lormières, partit clandestinement pour Paris, dans le dessein d'y battre en brèche ma candidature et de la faire échouer?

— Rassurez-vous, monsieur, vos affaires ne sont pas aussi désespérées que vous paraissez le croire.

— Et qu'en savez-vous?

— Si vous avez pu être effrayé de ce que mon nom avait été mis en avant, bannissez toute inquiétude. Je ne serai jamais évêque. »

La franchise de cet aveu bien inattendu déconcerta Capdepont. Mais, songeant à Machiavel, il craignit qu'on n'abusât de sa crédulité.

« Italien! » murmura-t-il entre ses dents.

Il reprit d'un ton plus élevé, dévorant l'abbé Ternisien de ses deux grands yeux ouverts :

« Il n'en est pas moins vrai que, durant votre séjour à Paris, vous avez vu le Nonce, vous avez vu le ministre, peut-être l'Empereur...

— J'ai connu Monseigneur le Nonce Apostolique à Rome, il y a douze ans de cela.

— Et le ministre ?

— Monseigneur de Roquebrun se trouvait dans un tel état de santé, que je m'étais fait un devoir de l'accompagner partout.

— Même aux Tuileries ?

— Même aux Tuileries, quand ses affaires l'y appelaient.

— Ses affaires ! s'écria l'abbé Capdepont dont la colère montait. Vous voulez parler des vôtres, sans doute ?

— Vos pièges sont peu dissimulés, monsieur : je les vois et je n'y tomberai point. Comme il n'entre pas dans mes habitudes de m'emporter, je ne dis que ce que je veux dire. »

Ces paroles, articulées avec un sang-froid glacial, cinglèrent Rufin Capdepont au visage comme un coup de fouet.

« Vous l'entendez, messieurs, vous l'entendez ! s'écria-t-il au comble de l'exaspération. Quand je vous assurais que M. l'abbé Ternisien avait longuement médité le livre *Du Prince !* Il sait se taire et parler à propos. Tout l'art de la diplomatie n'est-il pas là ? Quel évêque nous aurons en lui, si l'on tient compte des recommandations de son protecteur !... »

L'abbé Ternisien, très calme, fit un pas en avant.

« Il reste donc bien entendu, monsieur le Vicaire-Général, que vous refusez de procéder aux funérailles solennelles de Monseigneur de Roquebrun ?

— Je refuse. S'il vous plaît d'enterrer ce mort que vous nous amenez de Paris, soyez libre ; mais n'espérez pas qu'aucun de nous assiste à cette cérémonie.

— C'est fort bien. Cette après-midi, à quatre heures, je revêtirai mon surplis et j'irai seul faire la levée du corps à la gare. L'affluence d'un peuple fidèle me dédommagera de la désertion d'un clergé prévaricateur. »

Il s'inclina et sortit.

Les ecclésiastiques qui avaient assisté, tout ahuris, à cette scène épouvantable, chuchotaient entre eux.

Tout à coup, l'abbé Mical s'élança vers la porte ; mais Capdepont, aux aguets, le saisit au bras rudement.

« Où allez-vous si vite ? lui demanda-t-il.

— Je cours prévenir M. l'abbé Ternisien que vous ferez vous-même la levée du corps.

— Je vous le défends ; ce serait de votre part une trahison !

— Dans ce cas, vous voulez vous perdre absolument ?

— Oui ! »

Ce cri sauvage jette comme un nouveau trait de lumière sur le caractère de ce prêtre, chez qui la haine était encore plus profonde que l'ambition.

XIV

LAVERNÈDE ET TERNISIEN

En quittant les bureaux de l'évêché, l'abbé Ternisien prit la rue solitaire de Saint-Frumence, se dirigeant vers l'hôtel Castagnerte. Là, il était attendu non-seulement par le vicomte, très impatient, mais encore par le général de Roquebrun, arrivé de Paris pour conduire le deuil de son frère défunt.

Tout ému de la résolution violente de Capdepont, malgré le temps qui pressait, l'abbé Ternisien marchait lentement. En arrivant, que dirait-il à M. de Castagnerte? Que dirait-il surtout au général de Roquebrun? Rien ne blesse, n'humilie autant le prêtre que la nécessité de faire certains aveux aux laïques. A ses yeux, le dommage serait grand pour la religion, si les fidèles devaient être initiés aux luttes intimes du sanctuaire. Dieu voit ces hontes, c'est assez.

L'abbé Ternisien touchait presque à la porte de l'hôtel Castagnerte, et il ne savait encore à quel parti s'arrêter.

Somme toute, il lui en eût peu coûté de dévoiler au vicomte la situation telle que venait de la faire l'intraitable Vicaire-Général : M. de Castagnerte était un homme religieux, renseigné de longue main sur le caractère de Rufin Capdepont ; mais il ne pouvait se résigner à rien apprendre de ce qui se passait au frère de son ancien protecteur.

Si M. de Roquebrun, vieux militaire plein de pétulance, malgré ses soixante-huit ans, apprenait que le Vicaire-Général capitulaire du diocèse refusait de présider la cérémonie qui l'amenait à Lormières, et que, intimidé par son exemple, tout le clergé de la ville était résolu à imiter sa réserve, de quel éclat n'était-il pas capable ! Certainement il volerait vers Capdepont et exigerait une explication de sa conduite. Quelle bataille entre ces deux hommes exaspérés, le prêtre par sa haine, le soldat par son désespoir ! Dans tous les cas, il n'était pas douteux que, si M. de Roquebrun, vaincu par les prières de M. de Castagnerte et les siennes, consentait à couvrir de son mépris la défection blessante du Vicaire-Général et des curés de Lormières, il télégraphiât à Paris et informât le ministère, peut-être les Tuileries, de faits qui l'atteignaient au cœur si profondément. Qu'arriverait-il alors ?...

L'abbé Ternisien tressaillit. Une pensée, comme un rayon fulgurant, venait d'éclairer les ténèbres de son cerveau : qui sait si l'effroyable Rufin Capdepont n'était pas au moment de commettre l'énorme faute qui devait le précipiter du haut de l'épiscopat, auquel il touchait déjà ? Dieu ne permettait-il pas cette sorte d'aveuglement farouche, pour faire éclater au grand jour l'indignité de cet ambitieux ? Au lieu de tenter d'arrêter cet homme dans l'expansion désordonnée de ses fureurs, il fallait, au contraire, le livrer à tout le déchaînement de ses passions ameutées, et, s'il était possible, irriter encore son orgueil afin de le perdre plus sûrement.

Exalté par le sentiment d'un immense service à rendre à l'Église, en laissant Capdepont se compromettre à plaisir, l'abbé Ternisien sentit tomber un à un les scrupules qui d'abord l'avaient assailli en foule... Oui, il parlerait : il dirait tout au vicomte et il dirait tout au général...

La lourde porte cochère de l'hôtel Castagnerte se dressait devant l'ancien secrétaire de Monseigneur de Roquebrun. Il posa la main sur le marteau de cuivre massif; mais il la retira vivement.

Pauvre abbé Ternisien, toujours indécis comme les faibles! Hélas! la situation était bien grave, et la peur le reprenait. Il recula de quelques pas... Une minute, il demeura immobile... Brusquement il quitta la rue Saint-Frumence, et s'engagea dans la petite rue des Bernardins. C'était vers le milieu de cette ruelle étroite que demeurait l'abbé Lavernède, et l'abbé Ternisien, aux abois, pliant sous le faix, avant de rien entreprendre, allait implorer un conseil et un appui.

« Eh bien ! à quelle heure la levée du corps ? lui demanda l'aumônier des prisons, en le voyant paraître.

— A quatre heures... Nous la ferons seuls.

— Seuls ! que voulez-vous dire ? »

L'abbé Ternisien raconta son entrevue avec Rufin Capdepont.

« A la bonne heure ! s'écria l'abbé Lavernède, dont les yeux pétillèrent d'un éclair joyeux, voilà un homme qui ne vous prend pas en traître, et, si l'attitude qu'il juge à propos d'adopter en cette circonstance solennelle m'indigne dans le fond, je lui sais au moins gré de sa franchise. Mais où donc était Mical, ce perpétuel garde-fou de Capdepont ?

— Mical était là, ainsi que l'archiprêtre Clamouse et tout le Chapitre de Saint-Irénée.

— Et personne n'est intervenu, devant le cercueil de notre saint évêque ?

— Personne n'a osé. »

Lavernède serra vivement les mains à l'abbé Ternisien.

« Désirons, mon ami, lui dit-il, que Capdepont persévère dans son entêtement épouvantable. Puisque Dieu n'a pas permis que l'abbé Mical le sauvât cette fois, c'est que manifestement il l'abandonne. L'heure approche où ce révolté, ce *Prince des Ténèbres*, comme Monseigneur de Roquebrun l'appela en pleine Salle des Conférences, va être à son tour précipité du ciel. Non, il ne sera pas évêque de Lormières !

— Hélas ! je vous l'ai dit ce matin, quand j'ai quitté Paris, le décret était à la signature de l'Empereur.

— Êtes-vous bien sûr que le nom de Capdepont y fût inscrit ?

— On le croyait à la Nonciature.

— Raison de plus pour saisir la balle au bond, et fournir à notre ennemi, à l'ennemi de Dieu, l'occasion de se perdre sans retour. Ne m'avouâtes-vous pas autrefois que Monseigneur de Roquebrun, convaincu qu'aucune caresse n'apprivoiserait le Supérieur du grand séminaire, avait compté sur les violences où le pousse sa nature effrénée, pour en débarrasser le diocèse et l'Église ?

— Cela est vrai. Mais mon affection si tendre réussit toujours à contenir Monseigneur et à éviter un conflit.

— Peut-être eûtes-vous tort.

— Pardonnez-moi, mon ami : la seule pensée d'une lutte entre deux prêtres me donne le frisson. Songez à ce que je devais éprouver quand il s'agissait de Capdepont et de Monseigneur de Roquebrun... Tout à l'heure, dans les bureaux de l'évêché, j'ai tenu tête au Vicaire-Général, et je vous jure que la véhémence de ses paroles ne m'a nullement intimidé... Mais savez-vous ce qui se passait en l'intimité de mon être ? Tandis que mes lèvres chassaient si vite la riposte, je sentais mon cœur gros comme une montagne et j'avais envie de pleurer.

— Pauvre enfant ! » murmura l'abbé Lavernède, secoué jusqu'au fond des entrailles.

Et il étreignit affectueusemsnt l'abbé Ternisien.

« Je ne sais à quoi me résoudre, balbutia celui-ci, cherchant à échapper à l'émotion qui l'accablait. Un moment, en remontant la rue Saint-Frumence, j'ai senti se réveiller en moi une grande énergie. Puisque Rufin Capdepont m'offrait la bataille, j'étais décidé à l'accepter et à mettre debout tous ceux qui pouvaient, avec moi, se battre pour la justice : le général de Roquebrun, le vicomte de Castagnerte, vous-même... Puis, tout à coup, les conséquences de la lutte m'ont effrayé. Peut-être réussirions-nous, en effet, à faire trébucher Capdepont dans le piège qu'il s'était tendu à lui-même. Mais à quel prix ce résultat serait-il obtenu ! Il fallait initier Lormières, le monde catholique, à des querelles qu'il est plus sage de leur laisser ignorer...

— Qu'importe ?

— Qu'importe ?... Avez-vous réfléchi, Lavernède, à ce qu'un scandale public pourrait amener de trouble chez les laïques sincèrement pieux, et quelle joie il susciterait, au contraire, chez ceux qui profitent du moindre prétexte pour attaquer la religion ? Tandis que les premiers, contristés, baisseraient la tête, les seconds, tout radieux, la lèveraient en criant : « *Voyez comme les prêtres vivent entre eux!* » Car, soyez-en convaincu, une fois le combat engagé, Capdepont ne reculera pas. Dût son acharnement porter les plus graves atteintes au caractère ecclésiastique dont nous sommes tous investis, rien ne sera capable de retenir ce forcené ; il ira jusqu'au bout de sa démence furieuse, et, dans cet effroyable déchirement intime, la considération du corps clérical, sa dignité, succomberont.

— En tout ceci, mon cher Ternisien, vous me paraissez vous préoccuper plus de Capdepont que de l'Église.

— Mais c'est justement parce que je me préoccupe de l'Église que je redoute d'en venir aux mains avec cet homme, lequel est prêtre comme vous et moi.

— C'est un devoir pourtant.

— Et si c'était une impiété ?

— Donc, poursuivit Lavernède s'exaltant par degrés, au lieu de saisir au vol l'occasion qui vous est fournie de laisser Rufin Capdepont se dénoncer publiquement lui-même comme indigne de l'épiscopat, vous préférez le voir nommé, préconisé évêque de Lormières ? Prenez-y garde, Ternisien ! vous êtes au moment de commettre une de ces faiblesses dont toute une vie de larmes et de repentir ne saurait vous amnistier. Quoi ! le siège de Lormières, illustré par tant de saints pontifes, un ambitieux le convoite et va l'obtenir ; cependant, Dieu, qui ne veut pas abandonner ce diocèse au pervers, vous suscite, et vous refusez de devenir l'instrument de sa colère et de sa justice ! Encore une fois, prenez garde ! Si une lutte avec Capdepont vous effraye, soyez plus effrayé encore par la responsabilité qui désormais pèsera sur vous. A qui Dieu, en effet, s'en prendra-t-il de tout le mal que Capdepont ne peut manquer de déchaîner dans l'Église, sinon à celui qui, ayant reçu la mission de couper le mal en sa racine, n'a pas eu la vertu de le tenter?... Ne vous y trompez pas, Ternisien, Capdepont, évêque de Lormières, c'est Satan bouleversant le diocèse, asservissant notre malheureux clergé, déjà si dénué de résolution, de fierté, d'audace, à tous les caprices de son orgueil, frappant chaque prêtre à l'estampille de la plus honteuse des servitudes. Ah ! il parlait aux pauvres desservants de la tyrannie de Monseigneur de Roquebrun ! Je sens toute ma nature se soulever à la pensée de ce que serait la sienne. Voilà pour les débuts de la carrière de Capdepont. Mais où ne peut-il pas arriver? Jusqu'où ne peuvent pas s'étendre ses ravages? Si vous supposez que Capdepont se contentera longtemps du petit diocèse de Lormières, un des moins en vue de la catholicité, vous le connaissez mal. Bientôt vous entendrez dire qu'il s'acharne après le *pallium* d'archevêque, et, dans quelques années, qu'il convoite la barrette de cardinal. Voyez-vous le *Prince des Ténèbres* revêtu de la pourpre, et, sous ce déguisement, soufflant dans l'Église l'esprit de révolte et de sédition!...

— Jamais Rome...

— Rome? Notre montagnard de Harros a été plus fort que Paris, il sera plus fort que Rome. Certes, je n'ignore pas qu'il y a au Vatican des hommes doués d'une merveilleuse finesse; mais, passez-moi la vulgarité du mot, je n'hésite pas à croire que Capdepont les *roulera*. Le corps long et sec du Vicaire-Général vous paraît peu fait pour les cabrioles de l'acrobate, ses mains osseuses et rigides vous semblent impropres

14

aux tours de passe-passe de l'escamoteur. Détrompez-vous ! Si *Tigrane* a la férocité du félin dont on lui infligea le nom, il en a aussi la souplesse. D'ailleurs, pourquoi ne point avouer que cet homme possède une intelligence prodigieuse, que Dieu, dont les desseins sont impénétrables, a mis dans son crâne dur, obstiné, un cerveau divin ?... Vous souvenez-vous qu'un jour, en présence de Monseigneur de Roquebrun et du Chapitre de Saint-Irénée, l'abbé Mical osa appeler Capdepont « *grand homme* »? Le Chapitre, son doyen Clamouse le premier, éclata de rire; Monseigneur lui-même sourit finement. Seul, je restai grave, trouvant que, si l'amitié avait poussé Mical à l'exagération, Capdepont n'en était pas moins un homme tout à fait hors ligne. Nul ecclésiastique en France, j'en suis convaincu, ne le surpasse en savoir. Et puis quelle parole abondante, colorée, énergique! Quelle profondeur, et parfois quels élans magnifiques vers le ciel! Ne dirait-on pas les coups d'aile d'un archange? Pendant douze ans que je vécus côte à côte avec ce dominateur superbe, le sentiment de sa personnalité, son indomptable orgueil, empreints dans le moindre de ses discours, me gâtèrent souvent ses dissertations savantes sur l'Écriture, ses excursions brillantes et faites à grands pas à travers les pages de l'Histoire ecclésiastique. Mais pourquoi ne pas le confesser? Malgré la petite flamme infernale que je voyais distinctement s'agiter au-dessus de son front, que de fois aussi je subis le despotisme de son éloquence enchanteresse, le charme incomparable de son esprit!

— Lavernède, soyez sans crainte, il y a auprès du Saint-Père plus que des hommes habiles, il y a Dieu!

— Je le sais...

— Et lorsque Capdepont ira à Rome...

— Gardez-vous qu'il y aille, imprudent que vous êtes; car s'il y va, on l'écoutera, et tout sera perdu. Êtes-vous assez naïf pour croire que, une fois nommé évêque à Paris, Rufin Capdepont apportera à Rome le caractère âpre et violent que nous lui voyons ici? Rasséréné par la réalisation de ses vœux les plus chers, Capdepont laissera à Lormières, au grand séminaire, qui en furent les témoins discrets, tous ses emportements, toutes ses aberrations, et, paraîtra, au Vatican, doux, affectueux, simple comme un enfant. Il aura bientôt fait de donner toutes les garanties d'obéissance et de respect. Pourquoi s'irriterait-il désormais ? Quelles raisons aurait-il de pousser, contre les hommes et contre Dieu, les cris sauvages que lui arracha l'humilité intolérable de sa condition ? N'est-il pas évêque, prince de la sainte Église catholique ?...

— Assez, Lavernède, assez, je vous en prie ! Vous m'avez mené au bord d'un gouffre, et ma tête se perd.

— Vous êtes prêtre, c'est-à-dire homme de sacrifice. Que la vue du danger vous fortifie, au lieu de vous abattre !

— Pourquoi quittai-je ma solitude de Tivoli !...

— Dieu avait besoin de vous à Lormières, et vous y appela ! » riposta gravement l'aumônier des prisons.

Électrisé par ces paroles, l'abbé Ternisien se leva du siège où il se tenait accablé.

« Mon ami, dit-il d'une voix plus ferme, Monseigneur de Roquebrun, qui vous apprécia trop tard, commençait à vous aimer : que faut-il que je fasse ?

— C'est bien simple : tandis que moi, je cours prévenir les chefs de toutes les communautés de la ville de se rendre à la cathédrale en habits de chœur, vous, vous allez descendre au Quartier des Papeteries, où votre nom est plus connu que le mien, et vous inviterez à la cérémonie les ouvriers, leurs femmes et leurs enfants.

— Donc je laisse le général de Roquebrun dans l'ignorance de mon entretien avec Capdepont ?

— Dans l'ignorance complète. Nous ne devons pas permettre à l'ennemi de l'Église de revenir sur sa décision farouche, et une visite du général dans les bureaux de l'évêché pourrait lui ouvrir une porte de salut. Ce qu'il vient de vous refuser, à vous, le Vicaire-Général oserait-il le refuser à M. de Roquebrun ? J'en doute, car Mical interviendrait certainement cette fois. Puisque Capdepont a tiré l'épée hors du fourreau, qu'il s'enferre lui-même et meure !

— Il faudra bien toujours que M. de Roquebrun soit informé ?...

— Certainement, mais lorsqu'il ne sera plus temps de hasarder la moindre démarche auprès de Capdepont. Comprenez-moi bien... Le général assistera à la levée du corps. Il remarquera, — au besoin on lui fera remarquer, — l'absence du Vicaire-Général capitulaire et la défection en masse de tout le clergé paroissial de la ville. Naturellement M. de Roquebrun en ressentira l'offense... Une fois revenu de la gare avec le corps de notre évêque, le peuple du Quartier des Papeteries murmurera et criera : « *A bas Capdepont!* » — M. de Castagnerte s'arrangera pour que les ouvriers murmurent et crient. — Quant à moi, pendant que vous disposerez tout au rez-de-chaussée de l'évêché pour une chapelle ardente, je conduirai le général exaspéré au télégraphe, et rédigerai moi-même une dépêche en conséquence, que liront, ce soir même, le ministre des cultes et peut-être l'Empereur. Cette dépêche, du reste, sera reproduite demain matin par mes soins dans l'*Écho de Lormières*, après-demain dans l'*Universel de Toulouse*, bientôt dans les journaux de Paris. Nous verrons bien si la candidature de Rufin Capdepont se relevera de ce coup !

— Mon Dieu ! mon Dieu ! murmura Ternisien avec épouvante.

— Partez pour le Quartier des Papeteries, et rappelez à ces braves gens des bords de l'Arbouse ce que Monseigneur de Roquebrun fut pour eux... Surtout ne vous préoccupez point du général : je sors avec vous et vais de ce pas à l'hôtel Castagnerte. »

Puis, regardant fixement le pauvre Ternisien qui tremblait :

« Mon ami, lui dit-il, devant Dieu et devant les hommes j'accepte la responsabilité absolue de mes démarches et des vôtres ! »

Ces dernières paroles furent articulées avec une solennité saisissante.

L'abbé Ternisien courba la tête.

Lavernède lui prit le bras et l'entraîna à travers l'escalier.

XV

MICAL

Les deux prêtres n'avaient pas fait trente pas dans la rue des Bernardins, qu'ils se rencontrèrent nez à nez avec l'abbé Mical, débouchant de la rue Saint-Frumence.

« Enfin vous voilà, monsieur Ternisien ! » dit le professeur de *morale*.

Il étala un large mouchoir à carreaux rouges, et épongea son front tout ruisselant.

« Quelle chaleur étouffante !... continua-t-il. — Lavernède, si nous entrions un moment chez toi ?

— Vous devez comprendre, Mical, répondit l'aumônier des prisons d'un air refrogné, que, en un jour comme celui-ci, ni M. Ternisien ni moi, nous n'avons de temps à perdre. Vous pouvez vous expliquer tout de suite.

— Tiens! tu me dis *vous*, à présent? Et depuis quand?

— Depuis la mort de Monseigneur de Roquebrun.

— Tu crois peut-être que je suis pour quelque chose dans les folies... je veux dire les caprices de Capdepont?

— Vous convenez enfin que cet homme est fou?

— Entendons-nous, mon ami, et ne nous emportons pas comme une soupe au lait... »

Tout en échangeant ces quelques paroles, très animées de geste et de ton, ils avaient rétrogradé jusqu'à la maisonnette de l'abbé Lavernède. Mical en ouvrit la porte avec l'aisance d'un habitué de l'endroit, et sauta prestement dans le vestibule. Les autres le suivirent en rechignant.

On entra dans une pièce du rez-de-chaussée.

« Eh bien, demanda l'aumônier des prisons, que voulez-vous? »

A cette question à brûle-pourpoint, les

petits yeux de l'abbé Mical s'allumèrent. Mais, réprimant une furieuse envie de se fâcher :

« Ma foi, Lavernède, dit-il, tu m'interroges absolument comme si je comparaissais devant un tribunal. Aurais-tu le dessein de me juger, par hasard? S'il m'était possible de rire aujourd'hui, quand toute la ville est en deuil, je m'amuserais bien de la solennité de tes paroles et de ta fausse majesté.

— Ne vous gênez pas, Mical, riez : cela ne surprendra ni M. l'abbé Ternisien ni moi, » riposta l'aumônier des prisons, lequel, devinant que tous ses plans contre Capdepont échouaient, cherchait à envenimer la situation pour rendre la lutte inévitable.

Le professeur de *morale* avait la finesse du renard. Il flaira le piège, et, s'adressant à l'ancien secrétaire de Monseigneur de Roquebrun :

« Monsieur l'abbé, lui dit-il, je viens de la part de M. le Vicaire-Général capitulaire vous exprimer les regrets qu'il éprouve de vous avoir fait, ce matin, un accueil si peu digne de vous et de lui. La multiplicité des affaires et le travail incessant auquel il a dû se condamner depuis quelques jours, ont mis M. le Vicaire-Général en un tel état de faiblesse nerveuse qu'il est des moments où tout le fatigue, l'irrite, l'exaspère. Le malheur a voulu que vous vinssiez à l'évêché dans un de ces moments funestes. D'ailleurs, pourquoi ne pas avouer que certaines paroles, attribuées à Monseigneur de Roquebrun et répandues d'une manière perfide à travers Lormières et le diocèse, avaient contribué à exalter encore M. l'abbé Capdepont? Mais le calme, qui ne l'abandonne guère, n'a pas tardé à renaître dans ce grand esprit, et M. le Vicaire-Général me charge de vous apporter non-seulement ses excuses, mais en même temps l'assurance que, à la tête de tout le clergé paroissial de cette ville épiscopale, il présidera à la levée du corps de Monseigneur de Roquebrun. Toutefois, il demande, à cause de la chaleur accablante, que la cérémonie n'ait lieu qu'à six heures. Il fait jour maintenant jusqu'à neuf. »

Le bon et naïf Ternisien, voyant toute difficulté aplanie, tout conflit devenu impossible, ne put s'empêcher de presser les mains de Mical dans les siennes. Il articula ces mots avec émotion :

« Remerciez, je vous prie, M. le Vicaire-Général capitulaire. Dites-lui combien je suis touché d'un retour qui fait honneur à son caractère sacerdotal. »

Le professeur de *morale* regarda furtivement l'aumônier des prisons. Sa face de singe pétillait de malice : tout riait en lui, et d'un rire cruel, ses yeux, son nez, ses lèvres et son menton.

« Eh quoi! tu n'as pas l'air content, mon brave Lavernède? siffla-t-il, s'administrant une large prise de tabac pour dissimuler l'ironie trop insultante de ses traits.

— En effet, j'eusse préféré que, au lieu de s'infliger cette pitoyable reculade, Capdepont eût le cœur de pousser les choses jusqu'au bout.

— Mais jamais le Vicaire-Général n'eut l'intention sérieuse de ne pas rendre à Monseigneur de Roquebrun mort les hommages qu'il ne lui refusa jamais vivant.

— Le Vicaire-Général... le Vicaire-Général...

— Il l'est, mon ami, il l'est !... Du reste, dans le passé de M. l'abbé Capdepont, il n'y a rien...

— Ne remuons pas le passé ! interrompit Lavernède avec animation. Et si votre mandat, que vous pouviez aussi bien accomplir dans la rue, est terminé... »

Mical ne voulut pas remarquer le geste de l'aumônier des prisons, qui lui indiquait la porte.

« Tu avais peut-être dessein d'exploiter l'absence du Vicaire-Général ? »

Il lança ces paroles comme au hasard.

« Je le mets au défi de persister dans ses résolutions.

— Ne le brave pas, mon pauvre Lavernède : il est plus fort que toi, tu le sais.

— Oui, certes, il est plus fort que moi, si la force, pour un prêtre, consiste dans le mépris absolu de ses devoirs.

— Prends garde ! S'il devenait évêque de Lormières, il pourrait bien ne pas te rendre ta chaire d'*éloquence sacrée*.

— Et qui vous dit, monsieur, que je consentirais à la recevoir de sa main ?

— Et s'il venait à te retirer l'aumônerie

des prisons, que ferais-tu avec ta vieille mère infirme?

— Malheureux! s'écria Lavernède mis hors de lui, vous osez venir chez moi pour me menacer! »

L'abbé Ternisien s'interposa vivement.

« Messieurs, messieurs, calmez-vous.

— Mon cher Lavernède, comme tu te montes! comme tu te montes! dit Mical essayant un pas vers la porte.

« Je trouve que vous ne vous montez pas assez, vous! »

Le professeur de *morale* resta fixe, et, tournant vers son interlocuteur son petit visage chafouin, grimaçant, perfide :

« Je me mettrai peut-être en colère un jour, moi aussi; mais ce jour-là n'est pas encore venu. »

Il s'esquiva.

XVI

LA LEVÉE DU CORPS

Dès cinq heures, au moment où le soleil, dans une gloire de grands nuages rouges, se penchait vers les Hautes-Corbières, dont les crêtes aiguës resplendirent, tous les clochers de la ville se réveillèrent en sursaut. Au gros bourdon de Saint-Irénée, qui préluda gravement, répondirent une à une les cloches des diverses paroisses, et peu à peu les clochettes des communautés, tintant comme des grelots dans ce concert de bronze, d'un caractère grandiose et solennel.

Lormières, noyé dans les rayons du couchant, était plein de grondements superbes, dont les montagnes voisines, de minute en minute, se renvoyaient l'écho prolongé.

Parfois le fracas était tel, qu'on eût cru démêler les éclats du tonnerre au milieu des volées des cloches, lancées à toutes cordes et à tous battants.

Du reste, la chaleur était encore excessive, et des masses brunes énormes, semblables à de lourdes chaînes de granit, montaient de l'orient obscurci, et, se pressant les unes contre les autres, occupaient lentement, pesamment les vastes campagnes du ciel.

Le défilé vers la cathédrale ne commença que vers six heures.

Les Capucins, leur Provincial en tête, sortirent les premiers de leur couvent; puis vinrent les Barnabites, puis les Dominicains, puis les Maristes, puis les Jésuites du collège de Saint-Stanislas Kotska. Chacun de ces prêtres tenait un cierge allumé à la main.

Les communautés de femmes eurent leur tour aussi, et les costumes les plus variés bariolèrent les rues.

Mais le spectacle devint tout à fait original lorsque les paroisses de la ville, avec les drapeaux multicolores des corporations laïques, des croix grandes comme des arbres, des bannières hissées au bout de longs bâtons de couleur, se répandirent de toutes parts. Les Religieux, les Religieuses des divers ordres, silencieux, avaient glissé comme des ombres ; à peine si on avait ouï le murmure de leurs prières. Ah ! c'était bien autre chose maintenant ! On jasait, on riait, on s'interpellait à haute voix. Dans tout le Midi, la religion est un spectacle.

« Hé ! dites donc, monsieur Fourfigou, criait le Prieur des *pénitents bleus*, confrérie recrutée parmi les agriculteurs et les ouvriers, au Prieur des *pénitents blancs*, confrérie rivale où n'étaient admis que les bourgeois et les artisans aisés, hé ! dites donc, monsieur Fourfigou, on va racontant que vous vous êtes fait faire un sac en soie blanche. Quand le mettrez-vous ce sac magnifique, que nous vous voyons un peu ?

— Et toi, Chambournac, quand mettras-tu un crêpe au bras de tes hommes ? Crois-tu, par hasard, que nous allons déboucher des bouteilles sur le gazon, à l'ermitage de

Notre-Dame-des-Sept-Sabres? Ce n'est pas une procession ceci, c'est un enterrement!... »

Cette foule bruyante, où se montraient par-ci par-là quelques dévotes recueillies et gémissantes, arriva enfin par masses compactes et par toutes les voies ensemble devant le porche de Saint-Irénée.

« Dieu me damne! laissez-moi passer, ou le bon Dieu va tomber par terre! » s'écria le porte-croix des *pénitents bleus,* n'en pouvant plus sous son crucifix géant.

En cinq minutes, la vaste basilique fut inondée, du portail à la balustrade du maître-autel.

Le clergé, parmi lequel se trouvaient confondus les abbés Lavernède et Ternisien, étant parvenu à se dégager du milieu de la multitude bruissante, se dirigea vers la sacristie pour y rejoindre l'Officiant, auquel il devait faire cortège.

L'abbé Capdepont, comme s'il avait quelque intérêt caché à retarder la cérémonie, n'avait encore revêtu ni rochet ni chape. Debout sur le haut marchepied du vestiaire, il s'entretenait avec l'abbé Mical et quelques chanoines. La conversation paraissait fort animée.

« Il s'agit de moi probablement », pensa Lavernède.

Il n'en douta plus, lorsque Rufin Capdepont, se retournant, le regarda : la colère dont son âme était pleine s'échappait de ses yeux en étincelles sinistres.

L'abbé Ternisien, toujours aux aguets, s'avança :

« Monsieur le Vicaire-Général capitulaire, dit-il, M. le général de Roquebrun vient d'entrer dans la cathédrale; s'il vous était agréable de donner le signal du départ... »

Capdepont ne répondit pas. Mical lui présenta le rochet, l'étole, puis la chape noire. Il endossa le tout en maugréant.

« Allez, messieurs! » cria Mical.

L'abbé Capdepont parut dans la nef de Saint-Irénée environné d'un clergé nombreux. Sa longue figure osseuse et jaune avait pris tout à coup un caractère de calme et de sérénité surprenant. Il leva la main par un geste d'une majesté superbe, et l'on partit.

On s'arrêta à la gare juste le temps de déposer le cercueil sur le corbillard, décoré d'amples draperies noires que rehaussaient des écussons aux armes du défunt. Le ciel menaçant, après cette journée torride, s'obscurcissait toujours davantage, et maintenant, dans le silence des cloches, on discernait, à ne pouvoir s'y méprendre, les grondements sourds du tonnerre dans le lointain. Le bruit venait, non des Corbières, mais du fond des masses pyrénéennes, dont les pitons, de temps à autre, s'allumaient comme des phares.

Du reste, il faut le reconnaître, Rufin Capdepont, à qui des circonstances fatales imposaient cette cérémonie, avait hâte d'en voir la fin, et ce n'était point la perspective d'un orage qui lui faisait presser le pas. Placé le dernier, à l'extrémité du cortège, il allait à grandes enjambées, grave et morne, ses yeux, profonds et clairs, attachés sur le corbillard, que, dans sa marche à travers les rues, les femmes, les vieillards, les enfants couvraient de fleurs à l'envi. Chaque couronne nouvelle, tombant sur le cercueil, remuait dans l'âme vaseuse du Vicaire-Général capitulaire mille ferments de colère et de vengeance. A tout instant, ce mot unique s'échappait de ses lèvres blêmies :

« Marchez ! marchez ! »

Enfin, son supplice touchait au terme : après des détours qui lui avaient paru interminables, on était arrivé sur la place de la cathédrale.

« Silence ! » cria-t-il.

Le chant du *De profundis,* psalmodié depuis la gare, cessa.

Rufin Capdepont, pressé par l'abbé Mical qui lui fit un signe, escalada vivement le large perron de l'évêché. Du haut de cette tribune, en quelques paroles habiles, il remercia la population de Lormières d l'attachement qu'elle avait toujours gardé à ses évêques, puis l'invita aux funérailles de Monseigneur de Roquebrun pour le lendemain.

« Mais, monsieur, ces funérailles ne peuvent avoir lieu demain, intervint Lavernède.

— Et pourquoi donc, s'il vous plaît ?

— Veuillez réfléchir, monsieur le Vicaire-

Général capitulaire, répondit l'abbé Ternisien, qu'aucun travail n'a été encore entrepris dans les caveaux de Saint-Irénée. Il faudra bien un ou deux jours à l'architecte...

— J'ai dit! » répliqua l'inflexible Capdepont.

Tout d'un coup la nuit se fit complète. Un nuage énorme, détaché comme un bloc des grandes chaînes de montagnes que nous avons vues surgir dans le bleu profond du firmament, venait de rouler jusque devant le soleil et en avait intercepté les derniers rayons. La foule, épouvantée, croyant sentir déjà la pluie sur ses épaules, se dispersa dans toutes les directions.

Le général de Roquebrun lui-même s'éloigna, appuyé sur le bras du vicomte de Castagnerte.

Bientôt il ne resta plus sur la place de Saint-Irénée que des prêtres en habit de chœur.

On attendait dans une anxiété cruelle. Qu'attendait-on? On n'en savait rien. On devinait seulement, à l'attitude plus que sévère, presque tragique de l'abbé Capdepont, à l'air affairé de son fidèle acolyte Mical, que quelque évènement se préparait.

Les abbés Ternisien et Lavernède, l'angoisse peinte sur les traits, s'étaient rapprochés furtivement du corbillard, et tenaient leurs quatre yeux fixés sur le cercueil de celui qu'ils avaient tant aimé. Craignaient-ils qu'on ne le leur enlevât? Toutes sortes d'idées folles traversaient leur esprit... Ils en étaient arrivés à se demander pourquoi leurs genoux ne pouvaient plus les soutenir...

Qu'allait-il se passer?

XVII

LE PAPE FORMOSE

Cependant Rufin Capdepont, raide, immobile sur le perron de pierre de taille, leva le bras vers les employés des pompes funèbres.

« Descendez le cercueil et portez-le ici », dit-il.

Les hommes obéirent.

Le peuple des ecclésiastiques, affolé de curiosité, envahit la cour de l'évêché, dont le précautionneux Mical referma la porte doucement.

Le cercueil avait été déposé sur le gravier; les abbés Ternisien et Lavernède, entraînant quelques Religieux, entre autres le Provincial des Capucins, petit vieillard à barbe blanche, firent à l'évêque défunt comme une ceinture vivante. Je ne sais de quelles terreurs étranges ils étaient obsédés.

« Avez-vous peur qu'on ne vous vole ce mort? » ricana Capdepont, écartant de sa large main cinq ou six Barnabites, qui s'étaient posés imprudemment devant lui.

Puis, d'un pas hautain, marchant autour du cercueil pour élargir le cercle trop étroit des Religieux :

« Il faut de la place pour les prêtres du diocèse, messieurs! » dit-il.

Quelques rayons de soleil, filtrant entre les blocs qui encombraient le ciel, vinrent expirer sur le drap mortuaire de Monseigneur de Roquebrun.

Huit heures sonnèrent à la grosse horloge de Saint-Irénée.

Le tonnerre se taisait.

« Messieurs, reprit le Vicaire-Général, se tournant vers le petit groupe des chanoines de la cathédrale, auxquels venait de se joindre leur doyen, le vieux Clamouse, on nous a ramené de Paris le cadavre de l'évêque de Roquebrun, et on nous demande de l'inhumer dans les caveaux de notre basilique, réservée jusqu'ici à des saints...

— Depuis Monseigneur de la Guinaudie, le Chapitre ne refusa cet honneur à aucun des évêques morts à Lormières, intervint vivement Lavernède.

— Il est possible, monsieur l'abbé, que vous ayez prochainement à rendre compte de votre conduite devant le tribunal de l'Officialité. En attendant, je vous invite à ne pas m'interrompre.

— Je vous interromprai toutes les fois qu'il vous plaira de faire parler votre haine, au lieu de faire parler la justice.

— Ma haine ?

— Oui, en refusant au pontife étendu dans ce cercueil les caveaux de Saint-Irénée, vous poursuivez une vengeance.

— Et quand cela serait ! » s'écria Rufin Capdepont, exaspéré par cette bravade, et comptant trop peut-être sur son prestige et sur son autorité.

Le Provincial des Capucins alla vers lui.

« Si cela était, monsieur le Vicaire-Général, lui dit-il d'une voix que l'âge rendait tremblante, si cela était, moi, vieillard de quatre-vingt-quatre ans, plus vieux que M. l'archiprêtre Clamouse ici présent, je n'hésiterais pas à vous condamner. La vengeance, de la part d'un prêtre, est toujours odieuse, et, dans la circonstance qui nous a réunis, elle serait infâme.

— Vous ignorez, mon Père, que l'évêque de Roquebrun, dans un jour de colère effroyable, me compara au *Prince des Ténèbres,* à Lucifer foudroyé par Dieu.

— N'aviez-vous pas, comme l'archange rebelle, fomenté quelque sédition?

— Il me semble, monsieur le Provincial...

— Notre divin Maître l'a dit : « Celui qui se sert de l'épée périra par l'épée... » — *Qui gladio...*

— Monsieur! »

Le vieux Religieux s'inclina et rentra dans le rang.

L'abbé Ternisien ne pouvait retenir ses larmes.

« Monseigneur était un saint, répétait-il égaré, Monseigneur était un saint!... Messieurs du Chapitre, je vous en prie... Monsieur Clamouse, vous qui connûtes Monseigneur de Roquebrun, qui reçûtes tant de gages de sa bonté... Vous tous, messieurs les curés de Lormières... »

Un silence glacé accueillit cette prière déchirante.

L'abbé Ternisien, courbé devant le clergé paroissial, se redressa. Il s'essuya les yeux précipitamment ; puis, allant à Capdepont :

« Monsieur, lui dit-il, le corps de Monseigneur de Roquebrun ne peut rester plus longtemps sur les cailloux de cette cour. Permettez qu'on le dépose dans le salon de l'évêché. Je m'occuperai tout de suite de convertir cette pièce en chapelle ardente. »

On ne parut pas l'entendre.

Le malheureux jeune prêtre était fou de douleur. Tout à coup, par un mouvement de tendresse sublime, il se jeta sur le cercueil de son maître défunt, et, l'étreignant de ses deux bras, essaya de l'entraîner.

« Mon Dieu ! mon Dieu ! s'écria-t-il, faites un miracle ! »

La masse, soulevée de terre, retomba avec un bruit sourd.

Les prêtres diocésains regardaient d'un air stupide, trop lâches pour intervenir.

L'abbé Lavernède et quelques Religieux maristes s'empressèrent pour aider l'abbé Ternisien. Mais Rufin Capdepont, les arrêtant d'un geste :

« Messieurs, dit-il, il ne faut pas songer à introduire ce cercueil dans l'évêché. M. de Roquebrun laisse de nombreuses dettes, et, pour la garantie de ses créanciers, j'ai dû exiger des magistrats compétents l'apposition des scellés sur toutes les portes de ce palais. L'ancien évêque de Lormières se montra toujours prodigue de l'argent d'autrui. N'avons-nous pas constaté dans la caisse des retraites ecclésiastiques un énorme déficit ?...

— Monsieur, riposta l'abbé Ternisien, veuillez vous souvenir que Monseigneur de Roquebrun dépensa toute sa fortune, cinq cent mille francs environ, à la fondation d'un *Hospice pour la vieillesse,* qu'il a créé le *Refuge des jeunes malades,* qu'il secourait, dans toute l'étendue du diocèse, plus de trois cents familles...

— ... Quant à la chapelle ardente dont vous parliez, il ne saurait en être sérieusement question. Conviendrait-il, en effet, d'exposer à la vue des fidèles une face que l'apoplexie a faite hideuse ? « *Un évêque doit prêcher même après sa mort,* » a dit saint Grégoire le Grand. Or, je vous le demande à tous, que pourraient prêcher au peuple les traits bouleversés de l'évêque Roquebrun, sinon la violence, la colère, toutes les mauvaises passions dont son âme était remplie ?

— Vous mentez, monsieur ! vous mentez ! » s'écria l'abbé Ternisien que l'indignation transportait.

Il se pencha sur le cercueil, fit glisser vivement les six crochets qui en retenaient le couvercle et l'ouvrit.

Les prêtres, saisis à la vue de leur évêque, reculèrent épouvantés.

L'abbé Capdepont lui-même battit en retraite de quelques pas.

Monseigneur de Roquebrun, couché sur un lit de satin blanc lamé d'argent et relevé d'agréments violets, semblait dormir. Son visage calme et reposé respirait une douceur angélique. Ses joues, légèrement boursouflées, étaient lisses et affectaient le ton mat un peu jauni de l'ivoire. Il était coiffé de la mitre blanche, et son bras droit, doucement ramené, s'allongeait le long de la crosse d'or, déposée à ses côtés. Sa croix pectorale descendait sur une chasuble immaculée. Les crépines éclatantes d'une riche étole lui retombaient sur les pieds, dont les pointes, redressées au milieu des plis de l'aube, laissaient paraître deux petites mules de soie blanche bordées d'un liséré noir.

Le spectacle était à la fois grandiose et touchant.

« N'ayez pas peur, messieurs, articula l'abbé Lavernède avec une mordante ironie, il est mort, il est bien mort. »

Les ecclésiastiques, comme hébétés, s'approchèrent et regardèrent avidement.

Le Vicaire-Général ne bougeait plus. La tête droite et fière, un sourire sardonique et amer sur les lèvres, il promenait ses yeux ardents à travers l'assistance, et les arrêtait tantôt sur la face blême de l'évêque, tantôt sur les chanoines du Chapitre cathédral chuchotant entre eux, et au milieu desquels se démenait beaucoup le pléthorique abbé Turlot.

Pourtant Mical semblait préoccupé, les rides de son front trahissaient les plus graves soucis. Tout à coup, allongeant son museau effilé, il glissa quelques mots à voix basse dans l'oreille de Rufin Capdepont. Celui-ci, perdu en ses noires pensées, revint au sentiment de la situation.

« Messieurs les chanoines, dit-il, en ma qualité de Vicaire-Général capitulaire, j'aurais pu trancher la question qui nous occupe, et faire, dès demain, inhumer le corps de l'évêque défunt dans le cimetière de la ville. Mais j'ai cru devoir vous consulter, avant de prendre une détermination de cette importance. Vous tous, comme moi, pendant dix ans, vous avez pu juger M. de Roquebrun à l'œuvre, et vous savez si son épiscopat orageux, si fatal à ce diocèse et à l'Église, mérite l'honneur qu'on nous presse de lui décerner. Souvenez-vous, mes chers confrères...

— Souvenez-vous, messieurs, interrompit Lavernède, que, lorsque Monseigneur de Roquebrun arriva à Lormières, notre ville manquait absolument d'établissements hospitaliers, et que, grâce à sa charité inépuisable, elle en possède trois aujourd'hui...

— Souvenez-vous, poursuivit Capdepont, dont la colère enflait la voix...

— Souvenez-vous, interrompit encore l'intrépide aumônier des prisons, que, par les soins de Monseigneur de Roquebrun, deux cents sœurs de charité, réparties à travers nos montagnes, soignent les malades, instruisent les enfants, élèvent les orphelins....

— Monsieur l'abbé Lavernède, je suis votre supérieur hiérarchique. Encore une fois, je vous intime l'ordre de vous taire. Songez que j'ai le droit de vous infliger des censures, et que, si cela me plaît, je puis aller jusqu'à la suspense et même jusqu'à l'interdit.

— M'interdire !... On me connaît dans Lormières, dans tout le diocèse, monsieur; et je vous mets au défi de porter la moindre atteinte à mon caractère sacerdotal.

— Prenez garde !

— Je ne tremble pas, je ne tremblerai jamais devant vous !

— Je vous somme d'avoir à comparaître, demain, devant le tribunal de l'Officialité.

— J'y comparaîtrai, et que Dieu ait pitié de vous et de moi ! »

Un long murmure de désapprobation s'éleva du milieu du clergé paroissial.

« Monsieur Lavernède, intervint M. Clamouse, le Chapitre blâme la violence avec laquelle vous venez de parler à l'un de ses membres. Il vous invite au calme et à la modération.

— Et moi, j'invite tout le monde ici, même vous, monsieur l'Archiprêtre, au respect sacré de la mort. »

Quelques Religieux et quelques rares prêtres séculiers, scandalisés sans doute, se détachèrent des divers groupes et firent mine de se retirer.

« Une minute encore, messieurs, » dit Rufin Capdepont, les arrêtant.

Puis, reprenant son attitude altière :

« Le cercueil de cet évêque ouvert devant nous, articula-t-il d'une voix solennelle, me rappelle un des faits les plus sinistres de notre histoire ecclésiastique. Ce fait, véritablement épouvantable, est celui du pape Formose déterré par les ordres d'Étienne VI et cité devant un concile. Étienne accusait Formose d'avoir usurpé le Souverain Pontificat, et le concile fut de son avis, car on trancha la tête à ce cadavre, on lui coupa le doigt qui avait retenu l'anneau pastoral, après quoi on le précipita dans le Tibre... Moi qui sais par quelles intrigues mondaines l'abbé de Roquebrun, chanoine d'Arras, en arriva à envahir l'épiscopat, n'ai-je pas le droit de m'ériger en justicier, et, quand on ose m'inviter à déposer sa dépouille dans les caveaux de la cathédrale, de la rejeter à la fosse commune? Cet homme n'a-t-il pas mérité cette flétrissure?

— Non, non! s'écria l'abbé Ternisien... Messieurs du Chapitre, on vous trompe, on vous égare... Je vous jure...

— Si vous tentez d'enlever ce cercueil pour le porter au cimetière de la ville, dit Lavernède se plantant devant Capdepont, nous vous l'arracherons des mains, et nous irons l'inhumer, nous autres, dans les caveaux de Saint-Irénée.

— Qui, vous autres? demanda le Vicaire-Général avec un dédain effronté.

— Moi, M. l'abbé Ternisien, ces Religieux, tous les prêtres du diocèse qui n'ont pas encore subi votre joug.

— La belle armée, pour résister à mon autorité légitime !

— Vous parlez d'une armée ? Prenez garde ! le peuple de Lormières n'a pas encore oublié Monseigneur de Roquebrun.

— Le peuple de Lormières ?

— Il vous hait, et il ne faudrait qu'une parole tombée de la bouche de M. l'abbé Ternisien pour vous faire écharper à l'instant.

— Une émeute !

— N'éclata-t-il pas une émeute le jour où Étienne VI précipita le pape Formose dans le Tibre ? Puisqu'il vous a plu de nous rappeler les fureurs d'un siècle barbare, vous eussiez dû pousser plus avant votre récit, et ne point négliger de nous dire que le peuple de Rome, exaspéré par les cruautés d'Étienne, se souleva contre ce Pontife indigne, se saisit de lui, le jeta dans un cachot et l'y étrangla sans pitié.

— C'est horrible ! horrible ! » murmura le Provincial des Capucins.

Capdepont ne répondit pas. Fasciné depuis un instant par le spectacle véritablement splendide de l'évêque endormi dans toute la pompe de ses ornements pontificaux, tandis que Lavernède parlait, il s'était rapproché doucement du cercueil pour voir les choses de plus près... Mon Dieu ! que c'était beau, la mitre ! Il la considéra longtemps, les paupières effroyablement dilatées... Et la crosse, quel éclat ! Comme il s'appuierait bien sur ce long bâton recourbé ! Comme ce bâton accompagnerait bien son allure grave, digne, magistrale !... La grosse améthyste enchâssée dans l'or massif de l'anneau pastoral l'éblouit. Il tomba en arrêt. Ah ! porter cet anneau lumineux à son doigt !... Il n'y tint plus, et, par un mouvement brusque, dégageant son bras droit des plis lourds de la chape noire, il tendit sa main brûlante, âpre comme la serre du vautour, et la jeta sur la main glacée du défunt.

« Ciel ! » s'écria l'abbé Ternisien.

Et, s'élançant, il repoussa vigoureusement Capdepont. Ce mouton avait eu la force du taureau.

« Eh bien ! eh bien ! balbutia le Vicaire-Général avec un calme effroyable, qu'y a-t-il ?

— Il y a, malheureux, il y a que vous venez de commettre le plus exécrable des forfaits, un sacrilège ! riposta l'abbé Lavernède se ruant vers lui et le menaçant de son bras levé.

— Moi ? moi ? fit-il avec effarement.

Il était manifeste que Capdepont n'avait nullement conscience du crime qu'on lui reprochait. La passion, quand elle arrive à certaines profondeurs, crée des êtres totalement irresponsables. Capdepont, en proie à la monomanie ambitieuse, comme diraient les médecins aliénistes, avait eu une seconde de véritable folie.

Cependant la cour de l'évêché était en grand tumulte. L'abbé Mical, l'archiprêtre Clamouse, les membres du Chapitre, éperdus d'horreur, avaient entouré le Vicaire-Général et l'interpellaient tous à la fois.

« Emmenez-le, messieurs ! emmenez-le ! s'écria au milieu du bruit le Provincial des Capucins. Ce n'est pas un prêtre, cet homme, c'est le Démon : j'ai vu briller dans ses yeux le feu de l'Enfer. »

Rufin Capdepont se débattait encore, gesticulant et vociférant. Mical, M. Clamouse, les chanoines, auxquels se joignit la foule presque entière du clergé paroissial, eurent le dessus et l'entraînèrent.

XVIII

LES RÉGULIERS

Cette scène atroce fut suivie d'un long moment de stupeur.

L'abbé Lavernède revint le premier de son saisissement. Il se pencha, et, tandis que l'abbé Ternisien demeurait encore immobile, paralysé par l'épouvante, il ramena doucement le couvercle du cercueil de Monseigneur de Roquebrun et le referma. Capdepont n'était-il pas capable d'échapper aux bras qui le retenaient et de reparaître tout à coup ?

« Prions, messieurs ! » dit d'un accent navré le Provincial des Capucins.

Instantanément tous les genoux se plièrent.

L'abbé Lavernède, chez lequel un peu d'apaisement procuré par la prière ramena le souvenir vivant des choses qui venaient de s'accomplir sous ses yeux, se dressa soudain sur ses jarrets. Sans savoir pourquoi, tous les prêtres, l'imitant, se levèrent.

« Messieurs, dit l'aumônier des prisons, il est d'un grand intérêt pour l'Église qu'on soit informé en haut lieu de la conduite vraiment criminelle de M. Rufin Capdepont. Je cours prévenir M. le général de Roquebrun pour qu'il expédie, sur l'heure, une dépêche à Paris.

— Quoi ! vous voulez instruire l'opinion laïque de ce qui vient de se passer ici ? » demanda le Provincial des Capucins.

Le malheureux vieillard tremblait.

« Il faut donner à cette affaire le plus de retentissement possible, répondit l'abbé Lavernède.

— Arrêtez, monsieur ! En ce moment, vous parlez comme un prêtre qui aurait perdu l'esprit de sa vocation.

— Mais, mon révérend Père, si nous voulons empêcher la nomination de M. Capdepont comme évêque de Lormières, nous avons le droit strict de le dénoncer au monde...

— Dieu a maudit le monde, et nous n'avons qu'un devoir strict envers lui, c'est de le sauver.

— Eh bien, non ! s'écria l'énergique aumônier des prisons, écartant, pour se frayer un chemin vers la porte de la cour, le peuple de Religieux qui l'entourait, non ! non ! malgré vous, je délivrerai l'Église de l'évêque dont elle est menacée. »

Il se dégagea brutalement.

Il prenait son élan, quand l'abbé Ternisien, lui saisissant les deux mains :

« Mon ami, lui dit-il d'une voix suppliante, restez avec nous. De grâce, pas un mot de tout ceci au général de Roquebrun. Êtes-vous sûr qu'à son âge la nouvelle de l'affront fait à son frère défunt, à toute sa famille, ne le tuerait pas ?

— Vous voulez alors que cet affront lui soit infligé publiquement ? Demain, à dix heures, Capdepont, qui aura fini par convaincre le Chapitre, refusera publiquemen d'inhumer notre évêque dans les caveaux de Saint-Irénée.

— Il n'osera pas ! murmura-t-on de toutes parts.

— Il n'osera pas ! lui qui tout à l'heure, sous le couvert de l'histoire, nous invitait à juger Monseigneur de Roquebrun, à lui trancher la tête, à l'amputer du poignet droit, et à précipiter dans l'Arbouse son cadavre déshonoré par ces infâmes mutilations !...

— Du calme, monsieur Lavernède, au nom de votre caractère, du calme ! interrompit le Prieur des Dominicains, personnage grave et respecté.

— Écoutez-moi tous. Nous reste-t-il des armes pour défendre notre évêque bien-aimé contre les attentats de Rufin Capdepont ? Non. Sommes-nous résolus pourtant à faire respecter ce cadavre, tabernacle désert d'une âme si pure, faite de charité et d'amour ? Oui, n'est-il pas vrai ? Pourquoi donc, dans l'extrémité douloureuse où l'on nous réduit, hésiterions-nous à recourir au pouvoir civil, lequel, d'un seul mot, peut mettre fin au plus odieux scandale qui fut jamais ? Vous craignez que le coup ne soit trop rude pour le général de Roquebrun ?

Soit, il ne saura rien. Mais alors permettez-moi d'adresser à l'instant, sous ma responsabilité, une dépêche à Paris. Ce soir même, le ministre des cultes sera prévenu, et il aura tout le temps nécessaire d'imposer des ordres à Capdepont pour la cérémonie de demain.

— Sauf à le déterrer, quand les circonstances le permettront, il vaudrait mieux pour l'Église que Monseigneur de Roquebrun fût inhumé dans le cimetière de cette ville, que d'informer le pouvoir laïque des malheureuses divisions qui éclatent ici, reprit le Prieur des Dominicains... Monsieur Lavernède, un prêtre n'est pas libre, il se doit avant tout au corps auquel l'Ordination le lia irrévocablement. M. Capdepont est coupable, très coupable. Mais que gagnerons-nous à divulguer son crime ?

— Nous y gagnerons d'avoir accompli cette chose supérieure, divine, qu'on appelle le devoir.

— Les laïques sont nos ennemis.

— Je ne connais d'autre ennemi que le mal.

— Le mal n'est pas parmi les prêtres, il

est parmi les hommes. La cléricature est l'arche sainte posée au-dessus des agitations du siècle ; nous devons la laisser sur les hauteurs où les mains de Dieu l'ont placée.

— Pourquoi m'interdire de renverser l'orgueil de Rufin Capdepont ? s'écria Lavernède exaspéré. Dieu ne foudroya-t-il pas le plus beau de ses anges ?

— Attendez alors que le bras de Dieu se montre dans la nue.

— Qu'il se montre donc, ce bras vengeur, qu'il se montre, et sauve l'Église en péril ! »

Au même instant, un éclair rouge illumina la cour de l'évêché, éblouit les yeux, et le tonnerre détona formidablement. La vieille cathédrale de Lormières, dont tous les échos s'émurent, trembla sur ses bases de granit. Vingt prêtres, terrifiés, se précipitèrent à genoux ; d'autres courbèrent la tête. Seul, le Prieur des Dominicains demeura droit et fixe à sa place. Le cierge qu'il tenait à la main éclairait de pâles reflets sa silhouette aux plis rigides et lourds. On eût dit quelqu'une des statues de Saint-

Irénée descendue de sa niche soudainement.

« Monsieur Lavernède, Dieu que vous invoquiez, vous a entendu, » articula lentement le moine à la robe blanche.

Cela dit, à son tour, il se prosterna.

L'orage, dont, vers les cinq heures, nous avons perçu les rugissements lointains, avait marché comme à pas de loup derrière les nuées épaisses, et menaçait maintenant de crever tout entier sur la ville. De tous les points de l'horizon, des masses monstrueuses, les unes d'un noir compact, les autres transparentes par places et çà et là frangées d'argent, se détachaient sous les coups répétés de la foudre et s'acheminaient lourdement sur Lormières. Le rendez-vous était dans les immenses espaces dominant la haute tour de Saint-Irénée. Les nuages voyageurs s'arrêtaient là, s'entre-choquaient, se bousculaient, s'étageaient péniblement, et formaient un ensemble redoutable de montagnes sourcilleuses, quelque chose comme cent Himalayas entassés dans les champs infinis du ciel.

A la gauche de ces amoncellements cyclopéens, où l'œil d'un poète eût pu voir les formidables remparts de la cité de Dieu, la lune avait conservé une petite place pour briller. De cet observatoire, qui allait de plus en plus se rétrécissant, quelques rayons tombaient sur les maisons de Lormières, d'où ne s'élevait pas le moindre bruit ; d'autres glissaient sur les faces rugueuses ou polies des nuages, illuminant ici des gorges profondes, là d'effroyables précipices, plus loin faisant resplendir toute une armée aux casques d'acier, aux cuirasses étincelantes, aux glaives acérés et flamboyants.

Un nouvel éclair sillonna ces croupes mouvantes. Le paysage changea d'aspect. Plus d'armée splendide, plus de précipices aux pittoresques anfractuosités, plus de grottes aux stalactites éblouissantes. Ce ne fut désormais qu'un chaos, avec un trou béant au milieu. Dans ce gouffre noir, la lune avait disparu. La nuit se fit horrible. Soudain, des gouttes d'eau, larges et rondes comme de gros sous, s'aplatirent sur les mains de nos prêtres, dans la cour de l'évêché.

Sans prononcer une parole, le Provincial des Capucins, dont l'eau venait de mouiller les pieds nus, mal abrités en des sandales découvertes, détacha son manteau de bure et l'étendit sur le cercueil de Monseigneur de Roquebrun. En une minute, dix autres manteaux, dans le même but pieux, furent décrochés des épaules.

L'abbé Ternisien s'élança d'un bond vers la grande porte de l'hôtel de l'évêché. Il la secoua de toutes ses forces.

« Impossible ! » murmura-t-il avec désespoir.

L'abbé Lavernède courut au petit bâtiment isolé de l'administration diocésaine. Il y frappa en vain à coups redoublés.

« Messieurs, dit-il, revenant, on ne ferme la cathédrale qu'à neuf heures, et il n'est pas neuf heures encore. Portons Monseigneur à la cathédrale. »

La pluie augmentait, éteignant un à un les cierges dans les mains des assistants.

« Allons, vite ! » reprit Lavernède d'un ton plein d'autorité.

Cinquante bras, ayant tâté dans les

nèbres le cercueil de l'évêque, le soulevèrent par un effort commun.

« Marchons ! » dit l'abbé Ternisien.

Un cierge unique brillait encore, celui du Prieur des Dominicains. Ce moine sévère prit la tête de la colonne.

Le funèbre cortège arriva sans encombre sous le porche de Saint-Irénée.

L'abbé Ternisien sauta au portail et souleva le gros loquet de fer. Bien que l'heure réglementaire ne fût pas encore sonnée, la cathédrale était fermée.

« O ciel ! » s'écria le pauvre prêtre près de défaillir.

Les porteurs, suant et soufflant, déposèrent leur fardeau sur le seuil même de l'église, à l'endroit le mieux abrité.

« C'est indigne ! ne put s'empêcher de dire le Prieur des Dominicains.

— C'est satanique ! articula le Provincial des Capucins.

— Messieurs, s'écria Lavernède, j'aurai les clefs de la cathédrale, ou j'irai réveiller le Quartier des Papeteries pour en faire enfoncer les portes. »

On l'entoura.

« Laissez-moi ! fit-il se débattant, laissez-moi !...

— Vous voulez donc nous ramener M. Capdepont ? lui demanda le Prieur des Dominicains.

— Avez-vous peur de lui ?

— Il est au moins inutile de provoquer de nouveaux scandales.

— Cependant le corps de notre évêque ne peut rester exposé à la pluie. Vous ne le voudrez pas, Père Prieur, vous que Monseigneur de Roquebrun avait distingué parmi tous les Religieux de Lormières, et qui éprouvâtes si souvent les effets de sa paternelle affection ! »

La face anguleuse et sèche du Dominicain pâlit sous la lueur des cierges, qu'on venait de rallumer. Le souvenir des bienfaits reçus avait bouleversé ce moine austère.

« De quoi vous plaignez-vous, monsieur Lavernède ? dit-il. Vous, prêtre de ce malheureux diocèse, vous devriez vous réjouir que le cercueil de votre évêque subisse l'affront de cet orage terrible. Pour moi, je désire que l'eau qui tombe à torrents envahisse jusqu'à cette dernière retraite, et que nous en soyons réduits à monter la garde sous ce porche, submergés jusqu'aux genoux.

— Je ne vous comprends pas, Père Prieur.

— Admettez que le pouvoir civil, si peu soucieux des intérêts de notre sainte religion, nomme M. Capdepont évêque de Lormières; pensez-vous que le Saint-Père préconise jamais un prêtre qui n'aura pas craint de faire outrage à la mort?

— Ainsi, Père Prieur, vous comptez écrire à Rome? demanda l'abbé Lavernède, dont une joie subite rendit la voix haletante.

— Je compte dénoncer à mon Général ce que je viens de voir. Il connaîtra aussi tous les détails de l'horrible soirée que nous passons; et, s'il y a lieu de procéder plus tard à des informations canoniques sur M. Capdepont, une copie de ma lettre sera déposée par mes Supérieurs dans les bureaux apostoliques.

— J'agirai, de mon côté, comme vous, Père Prieur, s'empressa d'ajouter le Provincial des Capucins.

— O mes révérends Pères! O mes révérends Pères! » balbutia Lavernède ému.

Puis, courant à travers les groupes :

« Où est le Père Trézel? Où est le Père Trézel? répéta-t-il. Il faut qu'il écrive à Rome, lui aussi... »

Le Père Trézel, directeur du collège de Saint-Stanislas Kotska, était parti depuis longtemps.

« Oh! les Jésuites, toujours habiles! ricana Lavernède. Capdepont peut devenir évêque, et ils ont suivi Capdepont. C'est la doctrine : on doit s'arranger pour vivre en paix avec les puissances... Mon Dieu! mon Dieu!... «

Il alla vers le cercueil... Il considéra attentivement les manteaux qui le recouvraient... Il les souleva légèrement l'un après l'autre, ayant l'air de les compter... Il les étendit de nouveau sur les planches de chêne... Son attitude trahissait je ne sais quelle désolation farouche. On le regardait avec une surprise mêlée de terreur.

« Pauvre Monseigneur de Roquebrun! » soupira l'abbé Ternisien.

L'abbé Lavernède leva sur l'ancien secrétaire des yeux où venaient de pointer de petites larmes brillantes. La rage de l'impuissance, en lui tordant l'âme, pour ainsi dire, en faisaient jaillir cette rosée.

« Mon ami, s'écria-t-il enfin, ne pleurez plus : Monseigneur entrera dans sa cathédrale ! »

Et, avant qu'aucune main le pût retenir, il s'élança dans les ténèbres, dans l'orage comme dans un gouffre, et disparut.

XIX

LE WHIST DE M. CLAMOUSE

La cathédrale vomissait de l'eau par toutes ses gargouilles, et de véritables cascades s'épanchaient du haut des toits à travers la ville inondée.

L'abbé Lavernède, en courant, traversa la place de Saint-Irénée toute clapotante. Il arriva à l'entrée de la rue Saint-Frumence. Un réverbère, suspendu au bout d'une potence en fer, éclairait de ses rayons tremblotants et blafards une haute maison noire, à fenêtres ogivales ; cette maison, fragment encore debout d'une ancienne abbaye de Bénédictins, avait un aspect lugubre.

L'aumônier des prisons s'arrêta devant une porte basse, historiée de gros clous à tête luisante, et souleva un lourd marteau taillé à facettes. Un bruit strident se fit entendre. La porte basse s'entre-bâilla aussitôt.

« Ciel! comme vous voilà mouillé, monsieur Lavernède! s'exclama une femme.

— Les clefs de la cathédrale sont-elles là?

— Je le pense : le sacristain les porte tous les soirs. »

La servante leva son luminaire, un bout de cire jaune, vieux débris du service de Saint-Irénée achevant de se consumer à la cuisine de l'Archiprêtre, et regarda au revers de la porte massive.

« Tiens! dit-elle, c'est étonnant, elles ne sont pas accrochées au clou, comme toujours. »

L'abbé Lavernède examina lui-même.

« Jésus-Maria! monsieur l'abbé, ne gardez pas cette pluie sur vous; vous prendriez mal.

— M. Clamouse est-il dans son salon?

— Certes! Il fait sa partie avec ces messieurs... »

L'aumônier des prisons eut un frisson

d'horreur. Quoi! l'ancien évêque de Lormières endurait l'orage, plus de cent Religieux, dont quelques-uns très âgés, recevaient la pluie sur leurs épaules, et, à deux pas du porche de la cathédrale, ouvert à tous les vents et à toutes les averses, d'autres prêtres jouaient aux cartes!

Il parcourut le long couloir de la maison curiale, en proie à toutes sortes de pensées de révolte, de haine, de mépris.

Sans y frapper au préalable, d'un mouvement brusque, il ouvrit toute grande la porte vitrée du salon. Quatre têtes profondément recueillies sous les abat-jour verts, se dressèrent vivement. C'étaient l'Archiprêtre, le professeur Turlot, le premier et le deuxième vicaire de Saint-Irénée.

« Mon cher Lavernède, dit M. Clamouse, dont la face parcheminée rayonnait d'un indicible contentement, un *chelem*, un *chelem* superbe!... Nous causerons tout à l'heure. — Attention, attention! Turlot.

— Je suis désolé, monsieur l'Archiprêtre, d'interrompre votre whist en un moment si solennel, mais...

— Pas de bêtises, Turlot, reprit M. Clamouse, qui n'avait pas entendu l'aumônier des prisons. — Pique!...

— Mais, monsieur Lavernède, vous êtes trempé comme un rat d'eau, dit d'un air apitoyé le premier vicaire, négligeant de jeter sa carte sur la table.

— Et qu'est-ce que cela vous fait, à vous? s'écria aigrement l'Archiprêtre... Jouez, monsieur! »

La carte du premier vicaire glissa sur le tapis.

L'abbé Lavernède s'avança vers M. Clamouse :

« Monsieur l'archiprêtre, articula-t-il d'une voix qu'une extrême indignation contenue rendait tremblante, il fait un orage terrible. La pluie tombe sur le cercueil de Monseigneur de Roquebrun. »

M. Clamouse laissa échapper un mouvement d'impatience :

« Un cercueil, après tout, ne renferme qu'un mort, dit-il, et il est assez indifférent qu'un mort reçoive la pluie ou le soleil. — Pique encore!

— Ce mort fut votre évêque!

— Mais il ne l'est plus. — Pique toujours!...

— C'est sans doute pour cela que vous osez le braver! Je me souviens que vous eûtes moins de courage, dans la Salle des Conférences, le jour de l'Ordination. »

D'un petit geste sec, l'Archiprêtre ramena toutes ses cartes dans sa main droite. Pour le coup, il lui était impossible de continuer la partie. Une distraction, et il manquait son fameux *chelem*.

« Monsieur Lavernède, vous ne respectez rien, dit-il avec un sérieux des plus comiques. On voit bien que vous ignorez le jeu de whist!... Puisqu'il faut que je vous entende, parlez! Que voulez-vous ?

— Je veux les clefs de la cathédrale.

— Et c'est pour ces clefs que vous faites tant de bruit? Est-ce que je vous empêche de les prendre, moi? Prenez-les et laissez-moi en repos. — Turlot, tenons-nous bien !

— Les clefs ne sont pas suspendues à leur place habituelle, monsieur l'Archiprêtre.

— C'est qu'alors le sacristain ne les a pas encore apportées. — Allons, Turlot...

— Mais pourquoi, ce soir justement, quand la cathédrale pouvait offrir un asile au cercueil de Monseigneur de Roquebrun, le sacristain en a-t-il fermé les portes avant l'heure ? Car il n'est pas neuf heures encore. Ce n'est donc pas vous, monsieur l'Archiprêtre, qui avez donné des ordres ?

— Moi ! s'écria M. Clamouse, lequel, cette fois, devint pourpre, et de saisissement laissa tomber son jeu sur le tapis.

— Alors, je vous demande pardon...

— Quoi ! monsieur l'abbé, poursuivit le vieillard courroucé, vous m'avez jugé capable... ? »

L'abbé Lavernède, touché, lui saisit les mains avec une nuance très marquée de respect.

« Monsieur l'Archiprêtre, lui dit-il, vous n'êtes pas capable, en effet, de commettre contre votre évêque défunt les cruautés atroces de Rufin Capdepont. Non, malgré certaines complaisances envers le Vicaire-Général, complaisances qu'explique et qu'excuse peut-être l'inflexibilité de la hiérarchie, vous ne pouviez donner un démenti à votre longue vie sacerdotale, que Monseigneur de Roquebrun, — il vous l'avouait dernièrement lui-même, — nous cita tant de fois comme un exemple. Je vous en supplie donc, pardonnez-moi les tristes soupçons qui, une seconde, ont traversé mon esprit... J'ai la tête perdue aujourd'hui... »

Comme dans la Salle des Conférences, le jour où, malgré lui, on l'avait placé à la tête d'une sorte de conjuration, le vieux Clamouse pleurait.

« Mon cher Lavernède, balbutia-t-il, allez réclamer de ma part au sacristain les clefs de Saint-Irénée, et si vous ne rencontrez pas cet homme, à qui je signifierai son congé pour avoir manqué à son devoir, faites porter ici le cercueil de notre saint évêque. Ma maison sera trop honorée de lui servir de chapelle ardente. »

Les deux vicaires, cœurs jeunes et libres, où Capdepont n'avait pas encore empreint sa flétrissure, se levèrent de leur siège et entourèrent M. Clamouse.

« A la bonne heure ! monsieur l'Archiprêtre, à la bonne heure ! » lui répétèrent-ils.

Seul, l'abbé Turlot resta muet, immobile, sa large face blafarde cachée derrière ses cartes étalées en éventail.

« Monsieur l'Archiprêtre, dit l'aumônier

des prisons, vous offrez un toit au cadavre errant de votre évêque ; Dieu voit votre cœur, et, bien qu'un instant vous ayez écouté la voix du démon, vous obtiendrez miséricorde. Mais ce n'est pas cette maison, c'est la cathédrale désormais qu'il faut convertir en chapelle ardente. Je cours de ce pas chez le sacristain... »

Comme Lavernède venait d'ouvrir la porte vitrée du salon, le premier vicaire de Saint-Irénée l'arrêta.

« Monsieur l'abbé, lui dit-il, n'allez pas chez le sacristain, c'est inutile : les clefs de la cathédrale sont ici.

— Ici ?
— Oui.
— Chez moi ? interjeta M. Clamouse ébahi.
— Je suis désolé vraiment que M. l'abbé Turlot, par son silence inexplicable, me contraigne à le dénoncer. C'est lui qui, ce soir, a fermé les portes de la cathédrale et en a mis les clefs dans sa poche. J'ai tout vu.
— Comment ! s'écria le vieux Clamouse

indigné s'adressant au professeur d'*écriture sainte*, et vous souffrez que nous nous chamaillions ainsi ?

-- Voyons, monsieur l'Archiprêtre, voulez-vous, oui ou non, que nous finissions notre partie de whist? » demanda Turlot.

Il affectait de n'attacher aucune importance à ce qui se passait.

L'abbé Lavernède ne connut plus de bornes : n'ayant à respecter, en l'abbé Turlot, ni l'âge ni la situation, d'un geste frénétique il lui arracha les cartes des mains et les éparpilla à travers le salon.

« Elle est finie, la partie, monsieur, elle est finie ! » lui dit-il.

Puis, le dévorant de ses deux yeux, où la rage allumait des éclairs :

« Les clefs ! les clefs ! » lui répéta-t-il.

A cette alerte, le gros Turlot s'était mis debout à son tour.

« Quand j'ai fermé la cathédrale, bredouilla-t-il, j'ai obéi aux ordres de M. le Vicaire-Général capitulaire. C'est donc à M. l'abbé Capdepont que je remettrai les clefs de Saint-Irénée, non à vous. »

Il happa son chapeau, abandonné sur

une chaise, et essaya de s'esquiver. Mais l'abbé Lavernède referma la porte du salon. Résolument il se plaça devant son adversaire. Sa face, déjà bouleversée, avait pris un caractère tragique.

« Je ne vous permettrai pas de vous échapper, monsieur ! lui dit-il.

— Auriez-vous l'intention de me faire violence ?

— Si, dans la lutte impie que vous provoquez, j'en viens à oublier que nous sommes prêtres l'un et l'autre, c'est vous qui l'aurez voulu. »

L'abbé Turlot, terrifié, blanc sous sa pâleur ordinaire, fit en trébuchant deux pas vers M. Clamouse.

« Monsieur l'Archiprêtre, lui dit-il, ne pouvant garder sûrement le dépôt que m'a confié M. l'abbé Capdepont, je le remets entre vos mains. Je pense qu'on n'aura pas l'audace de vous l'arracher. Si vous étiez tenté de céder aux injonctions de M. Lavernède, souvenez-vous que M. le Vicaire-Général capitulaire lui-même a ordonné que la cathédrale fût fermée, pour éviter les scandales qui pourraient s'y produire cette nuit, et que lui seul s'est réservé le droit d'en faire rouvrir les portes, quand il le jugera à propos.

— Mais je suis curé de Saint-Irénée, moi! hasarda le vieux Clamouse, recevant les clefs des mains de l'abbé Turlot.

— En effet, M. l'Archiprêtre est maître dans son église, intervinrent les deux vicaires.

— Il n'y a qu'un maître dans toute l'étendue du diocèse, et c'est M. le Vicaire-Général capitulaire.

— Pourtant le droit canon... osa insister M. Clamouse.

— M. le Vicaire-Général capitulaire, — personne n'en doute plus, — sera prochainement élevé au siège épiscopal de Lormières, et, comme il a bonne mémoire, il se souviendra de ceux qui lui auront désobéi.

— Alors, vous croyez sérieusement, mon cher Turlot, que ce serait désobliger M. le Vicaire-Général si...

— Je crois, monsieur l'Archiprêtre, que vous encourriez toute sa colère, et elle est terrible, sa colère, vous le savez. »

Le pauvre vieux Clamouse, saisi de toutes les peurs, s'affaissa dans son fauteuil, et y resta écrasé, anéanti, sans parole, regardant d'un œil stupide le trousseau de clefs qui cliquetait entre ses doigts.

L'abbé Lavernède, bien sûr de triompher de tous les obstacles, quels qu'ils fussent d'ailleurs, assistait à cette scène misérable d'un air à la fois tranquille et attristé. Les bras croisés sur sa poitrine, sans doute pour y repousser des fureurs qui ne demandaient qu'à éclater, il considérait la piètre mine du vieux Archiprêtre et ne pouvait s'empêcher d'éprouver je ne sais quel amer dégoût. Ce prêtre vaillant et ferme, en face de tant de faiblesse, de honte, de lâcheté, se sentait atteint dans son caractère sacerdotal, dans ce que sa vocation conservait à ses yeux de divin. Il ne s'agissait plus de Monseigneur de Roquebrun maintenant ; il s'agissait de M. Clamouse, de M. Turlot, et le navrant spectacle que lui offraient ses deux confrères lui était, à lui, comme un écrasement. Quelle puissance conservait Rufin Capdepont! Quoi! il dépendait de Rufin Capdepont d'avilir à ce point ceux que l'Ordination avait dû faire « *courageux comme David, sages comme Salomon* » ? Il pensa au *Prince des Ténèbres* et aux légions qu'il avait entraînées dans l'abîme avec lui...

Cependant il fallait en finir. La vue de tant d'abaissement chez un haut dignitaire de l'Église était trop pénible à l'aumônier des prisons. Vigoureusement, il écarta l'abbé Turlot, penché vers M. Clamouse et lui parlant à voix basse. Puis, regardant le vieillard, que l'abattement avait doublé en deux sur lui-même :

« J'espère, monsieur l'Archiprêtre, lui dit-il, que, puisque les clefs sont désormais en vos mains, vous allez me les livrer sans difficulté ?

— Vous avez entendu, mon cher ami, je ne suis pas le maître.

— Et vous écoutez M. Turlot, vous, monsieur Clamouse ?

— Je ne veux pas me faire un ennemi de M. l'abbé Capdepont. Je suis vieux, et je demande qu'on me laisse mourir en paix.

— Alors, il faut que l'orage noie le cercueil de Monseigneur de Roquebrun ?

— Ce n'est pas ma faute, après tout...

Vous comprenez, mon bon Lavernède, je suis le subordonné du Vicaire-Général capitulaire, et je ne puis recevoir ce cercueil dans ma maison.

— Tout à l'heure, pourtant...

— Oh! vous avez raison, tout à l'heure... Mais j'ignorais que M. l'abbé Capdepont...

— C'est cela : Rufin Capdepont vous inspire plus de terreur que Dieu même ; car vous ne sauriez vous faire illusion, monsieur l'Archiprêtre, votre refus de donner l'hospitalité à votre évêque défunt est une grave offense à Dieu... Oh! je vous en conjure, ne tremblez pas aussi misérablement dans ce fauteuil ; je ne songe point à compromettre votre maison... Remettez-moi les clefs de la cathédrale ; puis reprenez votre partie de whist, si cela vous plaît. »

Le vieux Clamouse, torturé par le sentiment de sa pusillanimité, mais impuissant à secouer l'épouvante qui lui venait de Capdepont, fit un effort pour parler. Il ne put y parvenir.

L'abbé Lavernède se sentit ému de je ne sais quelle dédaigneuse pitié.

« Monsieur l'Archiprêtre, dit-il, modérant

le ton âpre et dur de sa voix, je m'explique votre situation, elle est des plus difficiles. C'est entendu, vous ne pouvez vous-même me livrer les clefs de Saint-Irénée. Mais si je vous les prenais?...

— Si vous me les preniez?...

— Je déplacerais ainsi la responsabilité, elle pèserait tout entière sur moi. Un casuiste éminent comme vous l'êtes me paraît fait pour apprécier une raison de cette importance. »

L'œil du vieillard, éteint, se ranima.

« Ah! ça, murmura-t-il, c'est différent. Il est bien certain que si, par quelque moyen, vous réussissiez à m'arracher les clefs, je...

— Voilà qui est fait! » s'écria Lavernède, lequel, guignant le trousseau comme une proie, l'enleva d'un tour de main adroit et tout à fait inattendu.

— Messieurs, je proteste contre le rapt qui m'est fait, balbutia M. Clamouse, dont la poitrine, oppressée d'un poids qui l'écrasait, respira enfin librement.

— Monsieur Lavernède, s'écria Turlot, M. Capdepont va être informé à l'instant... »

Le regard de mépris superbe que l'aumônier des prisons, triomphant, lança au professeur d'*écriture sainte,* lui cloua la parole sur les lèvres.

« Courez me dénoncer à Rufin Capdepont, monsieur, courez vite. Ce métier de délateur est tout à fait digne de vous. »

Il salua les jeunes vicaires et sortit précipitamment.

XX

LE CATAFALQUE

L'orage continuait effroyable. Un vent violent s'était levé et avait éteint les réverbères, dont les cordages, secoués par la rafale, faisaient grincer aigrement les poulies. La nuit était compacte, tassée, horrible. Au ciel, mêmes ténèbres que dans les rues. Le tonnerre se taisait un moment; mais le bruit des eaux s'épanchant de toutes parts sur le pavé sonore lui avait succédé comme un vaste murmure destiné à en prolonger les rugissements. Au loin, on entendait l'Arbouse précipitant avec fracas ses cascades du haut de ses digues rompues.

Il pleuvait toujours.

Cependant une lueur, vague d'abord, puis plus nette et plus franche, blanchit de ses reflets les ombres accumulées. Tout à coup, les sept grandes fenêtres sveltes et légères qui font du chœur de Saint-Irénée une merveille d'architecture gothique, s'illuminèrent. Une à une, les élégantes rosaces des chapelles latérales rougirent. Bientôt l'énorme vaisseau de la cathédrale, dont toutes les ouvertures firent feu, s'enleva dans l'obscurité opaque, flamboyant, rayonnant, splendide.

Après avoir fait déposer le cercueil de Monseigneur de Roquebrun sur le marchepied du maître-autel, l'abbé Lavernède avait voulu édifier à l'évêque défunt une chapelle ardente capable de le venger de tous les affronts. Armé des clefs qui devaient lui ouvrir les tiroirs de la sacristie contenant les réserves en luminaires de toutes sortes, il y avait puisé à pleines mains. Pas un candélabre, pas une torchère, pas un chandelier qui, dans cette fête singulière, n'eût reçu son cierge ou sa bougie. Au bout d'une heure de cette activité fébrile, on eût dit d'un incendie dans l'intérieur de Saint-Irénée.

C'est au milieu de cet éclat lumineux, bien fait pour contraster avec l'épaisseur des ténèbres et le bouleversement redoutable de cette affreuse nuit, que les Religieux, — Capucins, Barnabites, Dominicains, Maristes, — suivis de quelques prêtres diocésains restés fidèles à la mémoire de Monseigneur de Roquebrun, sortant de la sacristie, se dirigèrent à la file vers le chœur de la basilique. Chacun de son mieux avait dissimulé le désordre de sa toilette : celui-ci revêtant une chape de deuil pour cacher la boue qui lui avait rejailli jusqu'aux genoux; celui-là échangeant son surplis trempé jusqu'au dernier fil contre le rochet de quelque chanoine prébendier.

Le Provincial des Capucins, morne et beau avec sa longue barbe blanche, marchait en arrière du cortège. La colonne tout entière défila devant le cercueil de l'évêque, mit un genou en terre; puis, se partageant, une partie alla occuper les stalles à droite du maître-autel, tandis que l'autre, recueillie, s'établissait dans les stalles de gauche. Ces divers mouvements furent accomplis dans le plus absolu silence, avec la gravité majestueuse dont le catholicisme a su empreindre ses cérémonies.

Les chants funèbres commencèrent.

Véritablement, ce fut quelque chose à la fois de grandiose et de terrible que cet office des morts célébré en pleine nuit par une centaine d'ecclésiastiques qui redoutaient, à chaque minute, de voir leurs prières interrompues par l'arrivée de l'abbé Capdepont. Sous les ondes de lumière qui tombaient des murailles, des voûtes où brillaient des lustres nombreux, quelques visages paraissaient inquiets. Que se passerait-il, si le Vicaire-Général surgissait tout à coup au milieu de la nef? Pourtant, malgré les préoccupations qui troublaient les âmes et faisaient trembler plus d'un cœur, les psalmodies allaient leur train.

Une fois, un bruit sinistre, épouvantable, ébranla les quatre murs de l'édifice. Les colonnes vacillèrent, les candélabres frémirent sur les gradins de l'autel et les vieilles stalles de noyer se plaignirent bruyamment. Les têtes, effarées, se retournèrent toutes vers la porte de la cathédrale restée ouverte. Satan allait-il faire irruption dans Saint-Irénée? On se rassura : c'était le tonnerre qui, avant le jour, pressé sans doute par le soleil de finir sa besogne, tirait ses derniers coups de canon dans les nuées.

« *Miserere mei!...* » entonna le Provincial des Capucins.

Enfin l'immense vitrail du chœur, comme imbibé par la lumière blanche de l'aurore, laissa voir son armature de fer. Au même instant, de ci, de là, sur les dalles, sur les hautes boiseries, flottèrent des lueurs vaporeuses, rouges, vertes, bleues... C'était le jour.

L'abbé Lavernède se pencha vers l'abbé Ternisien, accroupi dans une stalle, et lui glissa quelques mots à voix basse.

Les deux prêtres quittèrent les places qu'ils occupaient.

Ils se dirigèrent vers la sacristie.

« Mon cher ami, dit l'aumônier des prisons, dépouillant une lourde chape, quittez votre surplis, et sortons. Voici le soleil. Il est évident que Capdepont ne viendra pas nous surprendre à présent. Qui sait ? Peut-être ce misérable Turlot aura-t-il reculé, au moment de commettre une infamie. Du reste, nous devons nous méfier et prendre nos précautions : Capdepont pourrait bien s'être réservé pour l'heure des funérailles... »

Ils quittèrent la cathédrale, et marchèrent dans la direction de l'Arbouse.

Ils arrivèrent à l'un des ponts en pierre de taille. La rivière, grossie, engouffrait avec fracas sous les arches ses eaux rougeâtres et bourbeuses. Partout les ravages de la nuit étaient visibles : ici, des arbres déracinés que le flot entraînait ; là, les murailles d'une usine gisant dans la boue ; plus loin, un bief comblé par des rochers détachés de la montagne, des monceaux de sable et de gravier.

Cependant la journée s'annonçait splendide. La vallée de Lormières, lavée, lustrée par l'orage, fraîche et rajeunie, resplendissait sous le soleil, dont les rayons, transperçant comme des flèches aiguës les nuages blancs qui parsemaient encore le ciel, s'abattaient sur elle en faisceaux d'or pour en faire valoir les détails pittoresques et charmants. Les arbres des Corbières étaient magnifiques, étalant, à travers une buée légère, leurs troncs polis, leurs branchages luisants, leurs frondaisons luxuriantes et d'un vert tout battant neuf.

A l'entrée du Quartier des Papeteries, nos deux prêtres firent halte.

« Je vous laisse ici, mon cher Ternisien, dit Lavernède. Vous comprenez, n'est-il pas vrai, l'importance qu'il y a à ce que tous les pauvres de Monseigneur, tous les vôtres, arrivent à la cathédrale dès neuf heures? Cette force nous aidera à contenir Capdepont, à déjouer ses projets, s'il essayait de faire prendre au cercueil de notre évêque le chemin du cimetière de la ville. Il n'aura pas l'audace de provoquer une lutte, je le crains. Dans tous les cas, nous serons en mesure de livrer bataille... Allez vite!

— Vous ne venez donc pas avec moi?

— Je cours, rue des Bernardins, chez l'architecte de Saint-Irénée, pour le prier de faire ouvrir un des tombeaux de la crypte... De là, je passerai à l'administration des pompes funèbres. Il nous faut un catafalque comme on n'en vit jamais à Lormières et des draperies capables de recouvrir toutes les murailles... »

Ils se séparèrent.

Malgré cent bras occupés à tirer des cordes, à planter des clous, à accrocher de larges tentures noires tout le long des piliers de la nef, il ne fallut pas moins de six heures pour donner à l'intérieur de la cathédrale, inondée de lumière, le caractère de recueillement lugubre que réclamait la cérémonie.

Le catafalque seul, édifié au milieu du chœur, bien que les ouvrages de menuiserie eussent été commencés dès la veille, retint les ouvriers pendant plus de deux heures.

C'était un vrai monument. De larges gradins circulaires partaient des dalles et montaient, en se réduisant, jusqu'aux voûtes. Le tout, dominé par un dais à crépines blanches, était recouvert de velours noir lamé d'argent, relevé aux coins de bouffettes de soie violette rappelant le costume du défunt. Sur le devant de cette haute pyramide chargée d'une forêt de candélabres flamboyants, entre deux crosses jumelles, brillait la mitre de Monseigneur de Roquebrun, étincelante d'or et de pierreries. Un peu au-dessus de la mitre éblouissante, un cartouche se détachait du milieu des cierges portant en grosses lettres ce verset du Psalmiste :

*In memoria æterna erit justus,
Ab auditione mala non timebit.*

La mémoire du juste sera éternelle, il ne craindra pas les mauvais discours des hommes.

L'abbé Lavernède, ce cœur intrépide et chaud, avait inscrit là ces belles paroles, autant pour rendre un suprême hommage au pontife qu'il avait aimé, que pour jeter un dernier défi à la haine de Rufin Capdepont.

Onze heures sonnèrent.
L'aumônier des prisons, qui venait de veiller aux derniers apprêts de la cérémonie, au moment de gagner la sacristie, où attendait impatiemment tout le clergé de la ville, accouru comme la veille au son des cloches, fit un signe à l'abbé Ternisien. Celui-ci, auquel

19

Lavernède était parvenu à souffler quelque chose de son caractère indomptable, se mit à la tête des ouvriers massés au fond de la cathédrale, et les conduisit autour du catafalque géant. Là, dix rangs de chaises au moins avaient été disposés pour les hommes du Quartier des Papeteries. Cette foule, cette armée peut-être, s'assit bruyamment.

« Mes amis, dit l'ancien secrétaire intime, votre bienfaiteur est là. Nous vous confions la garde de celui qui vous aima jusqu'à la fin.

— Soyez tranquille, monsieur Ternisien, nous ne souffrirons pas que les restes de Monseigneur sortent de Saint-Irénée pour être inhumés dans le cimetière de la ville, » répondit la voix du vicomte de Castagnerte, lequel, ayant pour une minute laissé le général de Roquebrun auprès des docteurs Barbaste et Leblanc, surgit tout à coup dans la multitude des papetiers.

La sacristie regorgeait d'ecclésiastiques anxieux, affairés. Pourquoi M. le Vicaire-Général capitulaire n'était-il pas encore arrivé? Lui-même avait fixé l'heure des funérailles de Monseigneur, et cette heure était depuis longtemps sonnée. Que signifiait cet oubli des plus simples convenances?

Ceux que l'espoir d'assister à quelque nouvelle scène dramatique avait attirés à la cathédrale, laissaient lire sur leurs visages tourmentés d'une curiosité malsaine leur complet désappointement. D'autres, en proie à des préoccupations plus nobles, plus religieuses, se réjouissaient du retard que Capdepont mettait à venir. Qui sait, peut-être que cet homme terrible, après ses odieuses fureurs de la veille, n'osait pas reparaître, de peur d'être tenté de les renouveler? Ces prêtres simples et pieux, auxquels chaque minute qui s'écoulait donnait plus de confiance dans l'éloignement du péril, s'étaient groupés autour de l'abbé Ternisien et s'entretenaient à voix basse avec lui.

L'horloge de la grande tour de Saint-Irénée frappa un coup.

« Voici onze heures et demie, mon cher Lavernède, dit l'ancien secrétaire intime.

— Si nous commencions la messe? demanda le Provincial des Capucins.

— Sans doute M. Capdepont a renoncé

à présider la cérémonie, ajouta le Supérieur des Maristes.

— Je crois qu'il ne faut plus l'attendre, intervint le Prieur des Dominicains.

— Le lâche ! » grommela l'aumônier des prisons, voyant son ennemi qui se dérobait.

Puis, se tournant vers M. Clamouse, dont les regards inquiets exploraient l'assistance :

« S'il vous plaisait d'officier, monsieur l'Archiprêtre, lui dit-il ; vous êtes, après M. Capdepont, le premier dignitaire du diocèse.

— Je ne saurais, balbutia le vieillard, j'ai déjà dit ma messe, et... »

L'abbé Lavernède alla vers le vestiaire, déplia un amict, et, le donnant à baiser, selon l'usage, au Provincial des Capucins :

« C'est alors à vous, mon révérend Père, que revient l'honneur de célébrer le saint sacrifice... »

Un grand bruit, occasionné par un déplacement de chaises, se fit vers le fond de la basilique. Tous les yeux se braquèrent dans cette direction.

« M. Mical, messieurs, s'écria l'abbé Turlot, voici M. Mical ! »

En effet, le professeur de *morale*, la mine basse, les traits bouleversés par une émotion inconnue, entra dans la sacristie.

« Et M. le Vicaire-Général ? lui demandèrent toutes les voix.

— Messieurs, répondit l'abbé Mical, M. Capdepont est souffrant, très souffrant... Il regrette de ne pouvoir se rendre à la cathédrale... Il eût été heureux de célébrer le service divin pour la mémoire de Monseigneur de Roquebrun et de donner lui-même l'absoute, mais... »

Essoufflé, il respira.

« M. le Vicaire-Général capitulaire était déjà malade hier au soir, reprit-il ; vous avez dû le comprendre, messieurs, à l'exaltation de sa parole, je dirai presque au désordre de ses idées... Qui de nous ne sait le trouble que la fièvre apporte dans nos facultés ? Les meilleurs esprits ne sont pas à l'abri...

— Si vous êtes chargé, monsieur, interrompit le bouillant abbé Lavernède, de décliner, pour M. de Capdepont, la responsabilité des actes qu'il n'a pas craint d'accomplir sous nos yeux, je dois vous prévenir de l'inutilité de vos paroles. A cet égard, l'opinion de tous les ecclésiastiques présents à cette horrible scène est faite, et M. Rufin Capdepont, la corde au cou, viendrait lui-même en suppliant, que nous nous récuserions, n'ayant pas qualité pour le relever d'un pareil crime...

— Qualité !... Que voulez-vous dire ?

— Je veux dire que le forfait est inouï.

— Mais votre jugement, monsieur Lavernède...

— Jugement, c'est le mot ! » s'écria l'aumônier des prisons.

Et, d'un ton âcre, incisif :

« Le jugement, c'est le Souverain Pontife qui le rendra, quand la cause sera évoquée à son tribunal.

— Vous avez donc écrit à Rome ? bredouilla Mical effaré.

— Pas encore, mais on écrira. »

Impérieusement, l'abbé Lavernède leva la main vers le suisse, paré de son plus riche uniforme de deuil. Cet homme, fier comme un maréchal de France sous ses broderies et ses épaulettes d'argent, s'ébranla majestueusement ainsi qu'une colonne, puis laissa tomber sa canne ferrée sur les dalles retentissantes.

Tous les prêtres, — Religieux et Séculiers, — faisant cortège au Provincial des Capucins, revêtu de la chasuble à galons blancs, marchèrent à pas comptés vers le chœur.

XXI

LA COMÉDIE CLÉRICALE

Tandis que, avec toute la pompe imaginable, dans la cathédrale bruissante comme une immense ruche, on célébrait l'office solennel des morts, MM. Clamouse, Turlot et Mical, confondus par l'importance que s'attribuait Lavernède, s'entretenaient avec animation dans un coin retiré de la sacristie.

« ... En vérité, ne dirait-on pas qu'il est le maître céans? se récriait l'Archiprêtre.

— Cela révolte! s'exclamait l'abbé Turlot.

— Tout doux, messieurs! intervint Mical avec un calme qui n'allait pas sans quelque tristesse, ne criez pas si fort. Ce que vous redoutez pourrait bien nous arriver à tous. Pour ma part, je ne serais pas trop surpris si Lavernède, en effet, devenait notre maître.

— Lui ! fit Turlot avec un geste de dédaigneuse incrédulité.

— N'est-il pas l'ami, le véritable et intime ami de M. l'abbé Ternisien ?

— Que nous importe ?

— Et si M. Ternisien devenait évêque de Lormières ? »

Les abbés Clamouse et Turlot regardèrent Mical, stupéfiés.

« Comment ? Comment ?... balbutia l'Archiprêtre, dont l'exaltation tomba tout à coup... Que dites-vous, mon ami ? Ce n'est pas sérieux, n'est-ce pas ?

— C'est très sérieux, au contraire, tout ce qu'il y a au monde de plus sérieux.

— Eh bon Dieu ! vous me faites trembler, Mical. Expliquez-vous, je vous en conjure.

— Quelle antienne nous chantez-vous là ? » grommela Turlot.

Au même instant, dans le silence des orgues, une voix large, pleine, magistrale,

lança gravement cette strophe sous les
voûtes de Saint-Irénée :

Dies iræ, dies illa,
Solvet sæclum in favilla,
Teste David cum Sibylla.

Ces paroles terrifiantes n'émurent en aucune façon nos trois interlocuteurs de la sacristie, trop habitués à les entendre.

« Eh bien ? insista M. Clamouse, secouant Mical un peu absorbé.

— Eh bien, apprenez que Capdepont n'a reçu aucune nouvelle de Paris aujourd'hui. Hier au soir, vers dix heures, une dépêche de M. Bonnardot arriva. Elle disait :

« L'Empereur doit signer le décret ce
« soir. Nous vous préviendrons immédiate-
« ment, si vous êtes nommé. »

« Trois fois, je suis allé au télégraphe ce matin. Mais rien, rien, rien. Vous devinez l'état de Capdepont. Tout à l'heure, quand il m'a vu reparaître les mains vides, j'ai cru qu'il devenait fou. Ah ! ce n'est pas sans peine que j'ai obtenu qu'il restât dans les bureaux de l'évêché. La lutte a été terrible. Tenez ! j'en porte les traces. Voyez ! »

Le professeur de *morale* montra une large ecchymose qui lui balafrait le cou.

Il reprit :

« Lorsque je me suis jeté contre la porte pour l'empêcher de sortir et de venir troubler, bouleverser cette cérémonie, il m'a appréhendé soudain, et j'ai bien cru qu'il m'étranglerait. Lavernède ne se trompa point lorsqu'il surnomma Capdepont *Tigrane*. Soit dit entre nous, il y a du tigre dans cet homme-là. Enfin, comme effrayé de lui-même, il a reculé de quelques pas, puis s'est affaissé dans un fauteuil... Messieurs, j'ai vu alors ce que personne n'a encore vu, j'ai vu Rufin Capdepont pleurer.

— Et vous craignez que M. l'abbé Ternisien soit nommé ? demanda instamment M. Clamouse, dont la voix chevrotait de plus en plus.

— ... L'émotion qui l'avait envahi subitement m'a paru favorable pour faire entendre raison au Vicaire-Général. Que ne lui ai-je pas dit, mon Dieu ! Il s'agissait de l'empêcher, à tout prix, de porter dans

Saint-Irénée les ravages que sa haine, exaspérée par la présence de son rival heureux, n'eût pas manqué d'y causer. J'ai été éloquent, je vous en réponds. S'il se fût montré ici, c'était une mêlée, une bataille. Il y a des heures où Capdepont devient comme une force aveugle, que rien ni personne ne sauraient ou maîtriser ou contenir... Je comptais utiliser cette force pour la grandeur de l'Église. Mon amitié pour cet homme indomptable eut cette ambition cachée... Mais j'abdique... Je n'en puis plus... C'est fini... Ah ! je voudrais être mort... »

La grande voix du chœur chanta :

Mors stupebit et natura,
Cum resurget creatura
Judicanti responsura.

« En un mot, votre conviction est que M. l'abbé Ternisien?... repartit l'Archiprêtre.

— Que de fois j'empêchaï Capdepont de se perdre ! Mais je n'ai rien pu dans la cour de l'évêché...

— Voyons, mon cher Mical, laissons là Capdepont et parlons de M. Ternisien... Décidément, vous pensez que sa nomination comme évêque de Lormières...?

— Comment en douter ? L'audace de Lavernède ne parle-t-elle pas assez haut ? Vous aurait-il arraché les clefs de la cathédrale des mains, hier au soir, et tout à à l'heure aurait-il, à votre barbe, commandé dans cette église, s'il ne savait que, son ami devenant évêque, il peut nous fouler aux pieds impunément ?... Ah ! la hiérarchie ecclésiastique ! Est-il au monde une chaîne de fer plus lourde, plus écrasante ? J'en sens déjà les anneaux me meurtrir les chairs... Messieurs, nous sommes sans nouvelles de Paris, nous autres ; mais MM. Ternisien et Lavernède en ont reçu, soyez-en certains.

— Eh bien, me voilà dans de jolis draps, moi ! marmotta M. Clamouse comme se parlant à lui-même.

— Et moi donc ? s'écria l'abbé Turlot, dont un frisson de peur parcourut toutes les graisses.

— Pour ce qui me regarde, ajouta Mical,

si Monseigneur Ternisien remplace Monseigneur de Roquebrun, je n'ai plus qu'à réclamer mon *exeat* et à quitter le diocèse. Mon existence est détruite, et je le dois à Capdepont.

— Ne parlez plus de cet homme!... » s'écria le vieux Clamouse.

Une flamme avait ranimé ses yeux à demi éteints.

« Je vous l'avoue, reprit-il, je me sens transporté de fureur... Quel prêtre, ce Capdepont! Quel prêtre!...

— Son ambition nous a perdus, murmura Turlot.

— La faute en est à nous : pourquoi avons-nous eu la folie d'y croire, à cette ambition insensée ? » s'écria Mical.

Puis, avec un geste d'abattement désespéré :

« Messieurs, nous avons manqué à notre caractère, à notre vocation, et nous sommes punis. »

L'abbé Turlot laissa déborder de ses yeux les larmes que, depuis un instant, il s'efforçait de contenir.

Quant au vieux Archiprêtre, il dut s'appuyer contre le rebord du vestiaire : il sentait ses jambes se dérober.

« Mes amis, reprit l'abbé Mical, après un long silence, reconnaissons que le Dieu qui nous châtie est toujours le Dieu de justice. Dans ce qui se passe depuis un mois, je ne sais qui, de Capdepont ou de nous, a donné les preuves les plus éclatantes de dégradation morale. »

Cet aveu, qu'un prêtre seul, habitué qu'il est par la confession à sonder ses propres plaies et les plaies d'autrui, pouvait avoir le courage ou la naïveté de faire, resta sans réponse. Le vieux Clamouse et Turlot se contentèrent de courber le front honteusement.

La voix du chœur déroula lentement ce tercet déchirant comme un sanglot :

> *Ingemisco tanquam reus,*
> *Culpa rubet vultus meus :*
> *Supplicanti parce, Deus.*

« Évidemment je perdrai ma position, gémit M. Clamouse.

— Évidemment, répliqua Mical.

— Comment va-t-on procéder envers moi. Car enfin je suis curé de première classe.

— C'est juste, vous êtes curé, par conséquent, inamovible. Mais vos infirmités vous forcent à négliger le service très lourd de la cathédrale, et l'on obtiendra du ministre des cultes votre mise à la retraite.

— Ah ! mon Dieu ! ma pauvre église que j'aime tant !...

— Oh ! monsieur l'Archiprêtre, vous ne serez pas encore bien malheureux, vous ! bredouilla Turlot. Vous êtes chanoine titulaire, et votre canonicat vous restera ; tandis que moi, je... Pourvu qu'on me laisse seulement l'aumônerie que m'octroya Monseigneur de Roquebrun dans les Hautes-Corbières.

— Je ne réponds de rien, dit Mical ; vous avez eu maille à partir avec Lavernède, et cela est fâcheux pour vous. Pourquoi aussi lui refuser ces malheureuses clefs ?...

— Mais c'est vous qui m'ordonnâtes de fermer la cathédrale avant l'heure, se lamenta le gros Turlot.

— Moi ! c'est bien possible. Que voulez-vous ? Capdepont avait parlé, il fallait obéir. Du reste, ajouta-t-il, redressant son fin museau de renard et regardant ses deux amis avec une assurance qui lui avait fait défaut jusque-là, je prends mon parti de ma situation. Puisque désormais le but de ma vie est manqué, ce qu'on décidera sur mon compte m'intéresse médiocrement. Qu'on me laisse partir pour occuper ma cure de troisième classe, à la Bastide-sur-Mont ; qu'on m'envoie comme desservant à Harros, le plus misérable endroit de la montagne ; que je passe dans un diocèse voisin, cela m'est à peu près égal. Si Capdepont, se noyant, m'a noyé avec lui, c'est moi qui l'ai voulu.

— Il faut manger du pain pourtant, il faut vivre ! mâchonna douloureusement Turlot.

— Vivre ?... Et quelle nécessité y a-t-il à ce que nous vivions ? riposta Mical avec amertume.

— Diantre !...

— Ne craignez rien, Turlot : quand vous mourrez, il restera encore un morceau de pain dans votre huche. Une chose domine tout : il faut que nous redevenions de bons prêtres, ce que nous fûmes autrefois. Vous souvenez-vous de notre Ordination, Turlot ? Quel jour ! Le siècle n'était rien pour nous, Dieu nous occupait tout entiers. »

Le professeur de *morale* éclata en sanglots.

Le vieux Clamouse, ennuyé, abandonna Mical et Turlot qui, à leur insu, étaient tombés à genoux, et arriva cahin-caha jusqu'au second vestiaire, au fond de la sacristie. Il ouvrit un tiroir ; il en retira successivement un beau rochet illustré de riches broderies, puis un camail de soie ourlé d'un liséré rouge. Il revêtit le tout non sans efforts. Il alla vers une armoire, décrocha une étole et se la passa au col. A pas furtifs, il s'achemina vers la porte de la sacristie.

« Où courez-vous donc, monsieur l'Archiprêtre ? lui demanda Mical qui se redressa vivement.

— Au chœur.

— Au chœur, quand la cérémonie est terminée ?

— Mieux vaut tard que jamais.

— Vous n'y pensez pas, sans doute !

— J'y pense très bien, au contraire.

— Mais vous êtes trop compromis désormais auprès de Lavernède...

— Compromis... compromis...

— Monsieur Clamouse, votre dignité...

— Ma dignité ?... Oh ! ne confondons pas la dignité d'un prêtre avec la dignité d'un laïque. Cela n'a rien de commun. »

Turlot agrippa lestement un surplis.

« Et vous aussi, vous allez au chœur ? s'écria le professeur de *morale,* abasourdi.

— Puisque M. l'archiprêtre y va...

— Vous avez raison, Turlot, dit M. Clamouse.

— Enfin voyons, monsieur l'Archiprêtre, êtes-vous curé de Saint-Irénée ?

— Je le suis, monsieur Mical.

— Et vous consentez à faire cortège à M. l'abbé Lavernède, lequel, depuis une heure, usurpe ici vos fonctions ? »

Le vieillard ouvrit de grands yeux étonnés.

« Écoutez, Mical, dit-il, d'un ton qu'il essayait de rendre ferme, Turlot et moi, nous sommes venus à la cathédrale pour assister aux funérailles de Monseigneur de Roquebrun, et nous ne souffrirons pas que les influences de Capdepont nous empêchent de remplir un devoir sacré. Vous, comme votre terrible ami du grand séminaire, vous ne pesâtes que trop sur les prêtres de ce malheureux diocèse. Assez de sottises comme cela ! Dieu me communique enfin la force de secouer votre joug odieux, et je le secoue... Grâce à des esprits faits pour semer la haine, il s'est élevé, je ne l'ignore point, quelques malentendus entre l'excellent abbé Lavernède et moi. Mais l'évidence de mes torts me dessille les yeux, et je n'attends qu'une occasion favorable pour faire agréer mes excuses à un ecclésiastique qui ne perdit jamais la place que je lui avais donnée dans mon cœur. Quant à M. l'abbé Turlot...

— Oh ! quant à moi, interrompit le gros bonhomme, je ne suis pas l'ennemi de M. l'abbé Lavernède ; j'ajouterai même que... »

Mical, qui barrait la porte de la sacristie, en laissa le passage libre. Il ne pouvait en entendre davantage. Tant de bassesse provoquait chez lui comme d'irrésistibles nausées. Il lui sembla, dans la réaction presque inconsciente qui s'opérait en tout son être moral, que, à aucune époque de sa vie de servitude auprès de Rufin Capdepont, il ne s'était à ce point avili. Que de fois n'avait-il pas eu le courage de résister à la volonté de fer de son tyran et de la briser !

Mical suivit de l'œil MM. Clamouse et Turlot fendant avec peine le flot pressé des assistants. Quand il ne vit plus les deux bonnets carrés se balançant au loin dans l'atmosphère de l'église, épaissie par la crémation des cierges et de l'encens, il regagna le fond de la sacristie. Ses jambes ne le soutenaient plus. Il s'assit.

Cet homme, qui avait donné la main à tant de plans condamnables, eut un moment de suprême dégoût. Il resta durant quelques minutes abîmé dans les plus amères, les plus poignantes réflexions. Le découragement où il venait de tomber lui était devenu une lumière pour juger les autres et se juger lui-même. Il creusa longtemps le gouffre sans fond des misères ecclésiastiques. Tout à coup il eut un soubresaut, et de sa bouche s'échappèrent ces paroles épouvantables :

« O sainte Église catholique ! il faut bien que quelque chose de divin réside en toi, puisque tes prêtres n'ont pu réussir à te perdre. »

XXII

LA CRYPTE

La tour de Saint Irénée, qui domine les tours rondes du palais épiscopal comme un géant domine des pygmées, est un vaste monument sexagone, d'un aspect sévère et nu. Autant la cathédrale, travaillée à jour comme une dentelle, charme l'œil par la multiplicité de ses broderies flamboyantes, autant la tour le déconcerte, l'attriste, le désole par la vue de murailles dépourvues de toute sorte d'intérêt architectural. Dix fenêtres crèvent çà et là la colossale maçonnerie, laissant filtrer un peu de jour dans l'escalier en pierres de taille que gravit, tous les dimanches, le sonneur du Chapitre, quand, pour annoncer les offices à

Lormières, il va mettre les cloches en train Ces fenêtres à plein cintre, ainsi que la porte taillée dans un bloc à la base du lourd édifice, rappellent l'époque romane, et indiquent clairement que la construction de la tour de Saint-Irénée fut de beaucoup antérieure à celle de la cathédrale, où l'ogive, svelte, hardie, gracieuse, s'épanouit sur tous les points.

C'est vers cette porte romane, aux jambages de laquelle une main naïve essaya de grossières sculptures d'animaux apocalyptiques, et dont la baie étroite s'ouvre tout au fond de la cathédrale, que prêtres et fidèles, après qu'on eut dégagé le cercueil de Monseigneur de Roquebrun du milieu des draperies du splendide catafalque, se dirigèrent processionnellement. Par là, on descendait à la crypte, chapelle souterraine où sont disposés à la file, scellés d'énormes dalles de granit pyrénéen, les tombeaux des évêques de Lormières.

Pas plus que les sépultures royales de Saint-Denis, les sépultures épiscopales de Saint-Irénée n'échappèrent aux violations sauvages de 1793. Mais le premier soin de

Monseigneur de la Guinaudie, en prenant possession du siège, au commencement du siècle, fut de réparer, dans la crypte, les ravages de la Révolution, et d'y faire creuser cinq ou six nouvelles tombes. En édifiant ces monuments funéraires, ce prélat, qui avait échappé non sans peine à l'échafaud, semblait dire à la population de son diocèse :

« Plus d'un évêque compte encore mourir chez vous. La religion est éternelle. »

Le cortège, — réguliers, chanoines, simples prêtres et quelques très rares laïques, — s'engagea dans l'étroit escalier. Les abbés Lavernède et Ternisien se tenaient auprès du cercueil, dirigeant les hommes qui le portaient, s'évertuant à leur faire éviter les chocs, en un passage tournant et d'où l'éclat des cierges ne chassait pas les ténèbres sans difficulté.

Enfin on arriva dans la crypte.

C'était une petite église aux piliers trapus et mal équarris, aux voûtes surbaissées. Elle avait deux nefs. Aux murailles n'apparaissait aucune peinture. Seulement, ici, l'œil pouvait discerner un texte de l'Écriture, dont les mots s'écaillaient sous l'action permanente de l'humidité; plus loin, on lisait le *Hic jacet,* encore tout frais et bien conservé, tracé au pinceau au-dessus de la pierre tombale de Monseigneur Grandin, le dernier évêque enterré là.

On déposa le cercueil au bord de la fosse béante.

Le silence était grand, un silence froid, un silence de mort.

L'abbé Lavernède, pâle, mais l'air résolu, gravit les trois degrés accédant au maître-autel, et d'une voix forte, capable d'être entendue par les fidèles prosternés, là-haut, dans la cathédrale, il prononça ces paroles :

« *In memoria æterna erit justus, ab au-
« ditione mala non timebit.* »

Alors dans une improvisation chaleureuse, l'ancien professeur d'*éloquence sacrée* du grand séminaire retraça toute la vie de charité de Monseigneur de Roquebrun. Il le montra se dépouillant des dernières ressources pour secourir les pauvres, parcourant à pied, simple comme un apôtre de la primitive Église, le Quartier des Papeteries et y répandant les aumônes à pleines mains.

« S'il est un ouvrier besoigneux, s'é-
« cria-t-il, qui n'ait pas reçu la visite de
« notre saint évêque et pour qui cette visite
« n'ait pas été en même temps un bienfait,
« je l'adjure de se lever ici et de protester
« hautement. »

Mais là où la parole de l'abbé Lavernède, tout en restant aussi émue, s'éleva à une hauteur faite pour saisir cet auditoire composé presque en entier d'ecclésiastiques, ce fut lorsque, jugeant Monseigneur de Roquebrun dans l'exercice de ses fonctions épiscopales, il aborda ses relations quotidiennes avec le clergé diocésain.

« A qui ne fut-il pas indulgent ? dit-il.
« En est-il un parmi nous qui ne conserve
« le souvenir de quelque preuve touchante
« de bonté ? Pour moi, je n'ai pas oublié
« que, lorsque Monseigneur de Roquebrun

« crut devoir me confier un poste à la Bas-
« tide-sur-Mont, je n'eus qu'à articuler ces
« mots : « *Que deviendra ma mère in-*
« *firme ?* » pour qu'il renonçât aussitôt à
« son dessein. Oh! si vous vous fussiez
« trouvés dans la Salle des Conférences !
« Si vous eussiez vu les larmes dont ses
« yeux étaient remplis !... Jusque-là, j'avais
« admiré la haute tenue de notre évêque,
« son caractère pieux et noble, sa bienfai-
« sance inépuisable, sa foi, qui, selon le
« terme des Livres Saints, *eût transporté*
« *des montagnes ;* mais désormais je com-
« pris que j'avais méconnu ce qui résidait
« de meilleur en lui : le cœur ! L'homme
« est misérable, car il a besoin qu'on le
« touche aux entrailles pour se donner tout
« entier à autrui. Aussi, je le proclame à
« la face du diocèse, l'émotion de Monsei-
« gneur de Roquebrun devant ma mère
« abandonnée fut comme un jet de lumière
« qui m'éblouit, et, dès ce jour, je restai
« attaché à sa vie, comme je reste attaché
« à sa mémoire pour jamais. »

La voix de l'aumônier des prisons, vibrante d'abord, s'était affaiblie peu à peu sous ses souvenirs personnels. Il dut s'arrêter un instant.

Il reprit :

« Cependant, si Monseigneur de Roque-
« brun avait la bonté, il avait aussi la force.
« En lui accordant la suprême faveur de
« l'épiscopat, Dieu lui avait accordé du
« même coup l'énergie nécessaire pour en
« remplir les redoutables fonctions. *Omnia*
« *possum in eo qui me confortat,* je puis
« tout en Celui qui me fortifie, répétait-il,
« quand, pour maintenir la discipline, il
« lui incombait le pénible devoir de lever
« le bras et de frapper.

« Quelques-uns lui reprochèrent sa sévé-
« rité. Mais ceux qui le virent présider les
« séances de l'Officialité diocésaine, où la
« mort, *qui vient comme un voleur,* lui
« porta un coup dont il ne se releva plus,
« savent avec quelle bienveillance, quelle
« douceur, quelle humanité, il écouta tou-
« jours les accusés. Aucune fatigue, aucun
« dégoût, en cette âme robuste et sainte,
« ne purent vaincre sa résolution d'arriver
« à la vérité; et pour la connaître, cette

« vérité radieuse, il sondait patiemment
« toutes les voies, recueillant les déposi-
« tions des témoins, le sentiment des juges,
« recourant surtout à Dieu par la prière
« et par la méditation. Et l'on a osé
« dire que cette nature virile, droite jus-
« qu'à l'héroïsme, en raison d'une cer-
« taine pétulance de sang, précipita ses
« décisions ! »

La voix de Lavernède, en s'échauffant,
était devenue plus forte.

« Mes frères, continua-t-il, le caractère
« plein de vivacité, de hardiesse, de fer-
« meté de notre évêque défunt n'est pas
« unique dans l'Église. Saint Paul, saint
« Bernard, saint François de Sales furent,
« eux aussi, des apôtres véhéments ; ils su-
« rent s'armer de rigueur, soit pour com-
« battre l'hérésie, soit pour comprimer les
« révoltes menaçant leur autorité. A qui la
« la faute si, en plus d'une circonstance,
« Monseigneur de Roquebrun dut imiter
« l'exemple de ces grands saints ! N'a-t-il
« pas éclaté de nombreuses séditions dans
« ce diocèse ! Un jour qu'un vent de colère

« et de vengeance avait soufflé sur nous,
« ne nous sommes-nous pas réunis, dans le
« dessein bien délibéré de porter atteinte
« au prestige et au pouvoir de celui que
« Jésus-Christ, selon l'admirable parole de
« saint Thomas, avait placé au milieu de
« nous comme un bouclier en Israël, *Chri-*
« *stus posuit episcopum super omnes veluti*
« *scutum in Israël ?*

« O jour de péché, jour de ténèbres, jour
« plus noir que la nuit sans lendemain de
« l'enfer, sois oublié ! Que Dieu nous par-
« donne à tous le monstrueux attentat au-
« quel nous nous acharnâmes en une heure
« de folie ; qu'il le pardonne surtout à *celui*
« qui eut le malheur d'en concevoir la pre-
« mière pensée, et, reconnaissant que Mon-
« seigneur Armand de Roquebrun, terrassé
« par la mort sur le siège même de la jus-
« tice, était juste, que sa mémoire, à l'abri
« désormais de la calomnie, vivra éternel-
« lement parmi nous, répétons le verset du
« Psalmiste : *In memoria æterna erit jus-*
« *tus, ab auditione mala non timebit.* »

L'orateur s'interrompit une minute.

Cependant, lancé sur Capdepont comme sur une proie, lui ayant mordu la chair de sa dent cruelle et incapable désormais de s'en déprendre, l'abbé Lavernède allait poursuivre ; mais le Prieur des Capucins, vieillard plein de prudence et de sagesse, élevant la voix tout à coup, lut les dernières prières liturgiques dans le *Rituel,* et saisit vivement l'aspersoir.

Surpris au milieu de son exaltation frénétique, l'aumônier des prisons resta pétrifié, la bouche mi-ouverte, les yeux pleins d'un étonnement confus...

— Comment! on l'empêchait d'achever l'oraison funèbre de Monseigneur de Roquebrun!... Qu'allait-il faire ?... Supporterait-il, abordant à peine le véritable sujet de son discours, qu'on lui infligeât le silence comme un affront ?... Le Provincial des Capucins était-il de connivence avec Rufin Capdepont ?...

Dans le trouble où la passion qu'on empêchait de s'épandre avait jeté son esprit bouillonnant de toutes les fougues reprochées au Vicaire-Général, il conçut des doutes poignants : on lui était hostile, on le détestait, on méditait peut-être de le livrer pieds et poings liés à la vengeance de son ennemi... Il eut un haut-le-corps terrible, sa rude chevelure grise se hérissa sur sa nuque, et, redressant son visage fier et noble, il allait rouvrir le feu sur Capdepont, quand un cri perçant, quelque chose comme l'appel désespéré d'une âme en détresse, ébranla les voûtes de la crypte.

« Ternisien, s'écria l'abbé Lavernède, subitement arraché aux aberrations de son cerveau, Ternisien ! »

Au moment où le Provincial des Capucins, ayant pris une poignée de terre, la lançait en croix sur le cercueil de Monseigneur de Roquebrun, descendu dans la fosse, l'ancien secrétaire intime, succombant à sa douleur, avait ouvert la bouche, puis, s'affaissant sur lui-même, s'était évanoui.

« De l'air, de l'air ! » fit l'aumônier des prisons écartant ses confrères ahuris.

Les ecclésiastiques, dans le plus grand désordre, pareils à un troupeau débandé, se précipitèrent dans l'escalier tournant de la grande tour.

L'abbé Ternisien, appuyé sur le bras de Lavernède et sur celui de l'abbé Turlot, lequel se fit remarquer par un empressement bien inattendu, suivit à petits pas tout ce peuple de prêtres effarés.

Une minute après cet incident dramatique, il ne restait dans la crypte de la cathédrale de Saint-Irénée qu'un homme : le fossoyeur de Lormières. Cet homme travaillait.

En entrant dans la sacristie, l'ancien secrétaire de Monseigneur de Roquebrun fut installé dans un fauteuil, devant une fenêtre toute grande ouverte. Tandis que l'aumônier des prisons l'éventait avec l'étui en carton d'un corporal, l'archiprêtre Clamouse, de ses doigts tremblants, le débarrassait de son rabat, et, pour lui rendre la respiration plus facile, faisait péniblement glisser hors des boutonnières les boutons de crin de son collet.

Il fallait voir comme l'abbé Turlot, saisi tout à coup d'un beau dévouement, se démenait à travers la sacristie ! Ce gros homme apoplectique avait trouvé la légèreté d'un papillon pour courir à toutes les armoires, tantôt cherchant la bouteille de vin blanc affecté au service de l'autel, et en versant le contenu dans un verre qu'il tendait à son *cher* abbé Ternisien, tantôt décrochant des linges, qu'il trempait dans l'eau fraîche et passait humblement à l'abbé Lavernède, pour tamponner le front et les tampes de son ami.

« Quel zèle ! » ricana Mical, lequel observait tout du coin obscur de la sacristie, où nous l'avons laissé.

Les curés de la ville, celui de Saint-Frumence le premier, ayant ouï la voix du professeur de *morale*, l'entourèrent.

« M. Turlot prétend que M. Ternisien va devenir notre évêque ; est-ce vrai cela, monsieur Mical ? lui demandèrent-ils, anxieux.

— Vous ne le voyez donc pas ? » leur répondit-il.

Et, d'un geste dédaigneux, il leur montra l'Archiprêtre et Turlot prosternés, en quelque sorte aux pieds de l'abbé Ternisien, lequel avait entièrement recouvré ses sens.

« Merci, messieurs, merci, murmura d'une voix faible l'ancien secrétaire intime.

— Quelle peur vous nous avez faite ! dit le vieux Clamouse, dont un sourire épanouit la face desséchée. Un moment, nous avons pu vous croire mort... comme ce saint évêque que nous venons d'enterrer... Ah ! si nous vous avions perdu ! songez, quel malheur pour nous... et pour tout le diocèse !...

— Le diocèse ? interrompit l'abbé Ternisien.

— Oui, j'ai bien dit, pour le diocèse, reprit mielleusement l'Archiprêtre... Allez, je n'avance rien qui ne soit sérieux et dont je ne sois parfaitement sûr... Il était évident qu'un homme de votre mérite !... Du reste, si votre humilité si profonde vous empêche de me comprendre, M. Lavernède et M. Turlot, j'en suis convaincu...

— Pour moi, intervint l'aumônier des prisons, j'en suis fâché, monsieur l'Archiprêtre, mais je n'entends rien à vos énigmes.

— Et vous, Turlot ?

— Moi, je crois avoir deviné votre pensée...

— Voyons, mon ami.

— Vous voulez dire, monsieur l'Archiprêtre, que tout le diocèse de Lormières désire que M. l'abbé Ternisien succède à Monseigneur de Roquebrun.

— Voilà ! articula Clamouse d'un air satisfait.

— Moi, devenir votre évêque ! » s'écria l'abbé Ternisien.

Il se leva avec effroi et chercha de l'œil, derrière les groupes, la porte de la sacristie pour s'enfuir.

« Vous le serez, notre évêque ! répliqua le vieux Clamouse avec énergie.

— Vous le serez ! » ajouta tout le clergé paroissial, subitement transporté d'enthousiasme.

A cet instant où tous les cœurs palpitaient, où toutes les poitrines étaient haletantes, Mical, qu'on avait oublié, s'élança de sa cachette, par un véritable bond de singe, et surgit, les bras levés au ciel, au milieu de la sacristie, criant à tue-tête :

« Le Vicaire-Général, messieurs, le Vicaire-Général ! »

XXIII

VIVE MONSEIGNEUR!

En effet, à travers la cathédrale, qui commençait à se désemplir, l'abbé Capdedepont s'avançait d'un pas lent et majestueux.

Il entra dans la sacristie. Il tenait la tête haute, mais sans nul air de bravade. Ses yeux étaient calmes, ses traits reposés. Une sérénité imposante, fruit d'une âme ou profondément humiliée ou pleinement satisfaite, émanait de toute sa personne.

Dans la foule des ecclésiastiques, l'apparition subite de cet homme redouté produisit un étonnement mêlé de terreur.

L'abbé Mical, brûlé par une curiosité ardente, courut le premier vers Capdepont.

« Eh bien ! lui dit-il, il est donc arrivé des nouvelles de Paris ? »

Le Vicaire-Général capitulaire, tout entier à des préoccupations dont son masque impénétrable ne permettait pas de deviner l'objet, non-seulement ne donna aucune réponse au professeur de *morale,* mais n'abaissa pas même un regard vers lui.

« M. l'abbé Ternisien est-il là ? » demanda-t-il d'une voix où l'on démêlait des inflexions tendres qui ne lui étaient pas habituelles.

L'ancien secrétaire de Monseigneur de Roquebrun, échappant à Lavernède qui essayait de le retenir, fit un pas vers Rufin Capdepont.

« Monsieur l'abbé, lui dit celui-ci, me trouvant, grâce aux soins empressés du docteur Mical, un peu soulagé des souffrances qui me torturent depuis quelques jours, et qui, ce matin, ont pris un caractère d'acuité tout à fait intolérable, je me suis traîné jusqu'ici pour vous renouveler les excuses qu'on a déjà dû vous présenter en mon nom. J'espérais que la cérémonie des funérailles de Monseigneur de Roquebrun n'était pas encore terminée, et qu'il me serait peut-être permis, en ma qualité de Vicaire-Général capitulaire, de donner moi-même l'absoute... Hélas! monsieur l'abbé, en face des restes d'un pontife tel que le dernier évêque de Lormières, il m'eût été pénible, pour leur rendre un suprême devoir religieux, de n'avoir à invoquer d'autre titre que mon titre hiérarchique. Aussi, Dieu, qui est à la fois la souveraine justice et la souveraine miséricorde, a-t-il pris soin de m'éloigner d'une solennité funèbre à laquelle d'anciens malentendus avec le défunt me rendaient indigne de présider. »

Ces paroles, articulées d'un ton de déférence absolument inconnu chez Rufin Capdepont, confirmèrent le clergé de Lormières dans l'opinion que le terrible Vicaire-Général était perdu. L'écrasement seul de la défaite était capable d'arracher à cet homme impérieux et superbe l'amende honorable qu'il balbutiait avec embarras.

Un murmure peu bienveillant s'éleva du milieu de l'assistance, et quelques prêtres, que la peur avait tout d'abord poussés vers

Capdepont, ne doutant plus de sa disgrâce, battirent vivement en retraite vers les abbés Lavernède et Ternisien. Mical, seul, resta debout à côté de celui qu'il avait dompté et qu'il aimait. Ce diplomate si fin eut cette dignité.

« Il est certain, monsieur, que, hier au soir..., murmura le vieux Clamouse, lequel osa lever des yeux sévères sur l'abbé Capdepont.

— En effet, ajouta le gros Turlot, il est certain que, hier au soir, vous avez dépassé toutes les bornes.

— Accusez-moi, messieurs, accusez-moi tous! répondit humblement le Vicaire-Général. Je suis coupable, je suis le plus coupable des hommes. Et, cependant, malgré les erreurs qui vinrent de mon cerveau, jamais de mon cœur, qui plus que moi apprécia les hautes qualités qui distinguaient notre évêque!... Quel commandement!... Quelle hauteur dans sa vie!... Certes, à cette heure plus solennelle pour moi que vous ne sauriez le pressentir, je ne célerai aucun de mes torts vis-à-vis de Monseigneur de Roquebrun. Je n'oublie pas avec quelle énergie je m'opposai à certaines réformes qu'il tentait de réaliser ; je n'oublie pas nos luttes, quand il s'agit, il y a quelques années, de changer notre vieille liturgie, et quand, tout dernièrement encore, au grand séminaire, il parla de remplacer les prêtres diocésains par des Religieux. Convenez, pourtant, qu'il y avait quelque courage à combattre aussi vaillamment pour ce que je croyais être la vérité... Je fus trop acharné, sans doute. Mais qui peut se vanter de rester, à toute heure, le maitre absolu de ses passions ? Pour moi, malgré l'austérité d'une vie toute de retraite et de travail, je n'eus pas toujours la puissance d'écraser la tête aux mille serpents de malédiction qui tiennent aux entrailles l'homme né de la femme et sujet au péché. Si l'Ordination, cette faveur céleste, atténue en nous l'humanité, il y aurait orgueil à croire qu'elle la supprime complètement... Parce que, en plus d'une circonstance, vous entendites siffler par ma bouche les Démons que chacun porte en soi, cela veut-il dire que je ne les aie pas combattus jusqu'au harassement, que je n'aie pas tenté des efforts héroïques pour me conquérir tout entier à Dieu. Malheureusement le péché originel a mis en nous des résistances infernales au bien, et, pour qui a sondé les intimes secrets de la nature humaine, il est incontestable que ces résistances ne sont pas les mêmes chez tous. Il y a des hommes en qui, par un dessein caché de la Providence, l'esprit du mal pratiqua des brèches plus profondes. Né de la race espagnole, si violente et si âpre, mais aussi si catholique, peut-être suis-je un de ces hommes-là. Ma mère, vous ne devez pas l'oublier, vit le jour à Varla, hameau de la province de Biscaye, et je ressemble à ma mère, une nature de fer pour la terre et de feu pour le ciel... Messieurs, il faut se montrer indulgent pour les malheureux voués à des attaques perpétuelles, condamnés à vivre constamment sous les armes, à gagner la suprême quiétude de la mort par une vie sans trêve ni repos.

— Nos instincts pervertis par le péché, les lieux où nous prîmes naissance ne sauraient être une excuse à nos déportements ! s'écria Lavernède.

— Monsieur l'abbé, reprit Capdepont avec un calme souverain, je crois les temps de la mansuétude arrivés. Quand je veux être pacifique, que gagnerez-vous, je vous prie, à me ramener à des passions qui ne seront plus les miennes désormais ? Saint Augustin disait : « *J'ai rejeté loin de moi le vieil homme comme un haillon, et je ne le revêtirai plus,* non induam. » J'ai fait le même serment que saint Augustin... Les faits que vous me rappelez, monsieur Lavernède, et que je condamne comme vous, furent accomplis, j'en atteste Dieu ! dans la maladie, dans la fièvre, dans le délire. C'est à peine si j'en ai conservé le souvenir. Il me revient pourtant que je vous citai à comparaître devant le tribunal de l'Officialité. N'y comparaissez pas, mon frère, et pardonnez-moi, comme je vous pardonne. »

Puis il murmura, levant les yeux au ciel :
« *Cor contritum et humiliatum, Deus, non despicies :* Vous ne mépriserez pas, ô mon Dieu, un cœur contrit et humilié. »

L'aumônier des prisons, devant tant de repentir, de haute et sublime raison, resta tout interdit. Il se méfiait de Rufin Capdepont, et pourtant il se sentait à demi vaincu... Quel changement !... Peut-être le Vicaire-Général, anéanti et éclairé en même temps par le coup foudroyant de son échec, rentrait-il enfin, à cinquante ans, dans la saine voie ecclésiastique, dans la charité. Quelle douleur éloquente, quand il avait parlé de ses prises formidables avec les démons ! Et sa mère, cette sainte Thérèse rustique !...

Lavernède, cœur loyal, spontané, sincère, après tant de violences échangées, eut envie de se jeter dans les bras de son ennemi. Il était fasciné. Il fit un pas. Puis, regardant fixement, il s'arrêta soudain. Le doute, devant la placidité surhumaine de Capdepont, le ressaisissait.

« Une chose, reprit le Vicaire-Général capitulaire, que je louai toujours sans réserve chez notre évêque défunt, c'est son attitude vis-à-vis du Saint-Siège. Jamais le diocèse de Lormières ne posséda un pontife plus romain. Sachant de quelles amertumes est journellement abreuvé le Successeur des

Apôtres, il ne négligea aucune occasion de lui donner des marques non équivoques de sa soumission, de son respect, de son inaltérable attachement. Pour Monseigneur de Roquebrun, la barque de Pierre, assaillie par les orages, c'était toute l'Église ; et nous l'avons vu pleurer, quand, au milieu des hontes de la politique contemporaine, il craignit de voir disparaître dans la tourmente l'arche sainte qui porte l'âme et le salut de l'humanité. Cet ardent amour de Monseigneur de Roquebrun, qui ne fut pas l'unique grandeur de son épiscopat, demeurera un exemple pour le successeur qu'i plaira à Dieu de lui donner...

— Son successeur... son successeur... interrompit l'archiprêtre Clamouse, de plus en plus courageux, nous le connaissons, son successeur.

— Que Dieu lui accorde les grâces nécessaires à l'accomplissement de sa redoutable mission !...

— Dieu est avec lui, monsieur Capdepont, ne vous mettez pas en peine. »

Le Vicaire-Général, après cette déclaration ultramontaine, trop inattendue pour qu'elle ne répondit pas à quelque plan caché, se retourna lentement et fit quelques pas vers le grand vestiaire de chêne. Comme ses faits et gestes n'intéressaient plus personne, les ecclésiastiques, pressés par l'heure du déjeûner, s'acheminèrent vers la porte de la sacristie.

M. Clamouse avait passé son bras au bras de l'abbé Ternisien.

« Allons, mon ami, lui dit-il, du courage!... Venez prendre quelque chose chez moi. Qui sait? Peut-être avez-vous besoin de manger...

— Une seconde, messieurs : il me reste encore deux mots à ajouter, dit Rufin Capdepont.

— Nous vous entendrons une autre fois, glapit la voix criarde de M. Turlot.

— Une autre fois... une autre fois... répéta M. Clamouse.

— Arrêtez! » s'écria le Vicaire-Général, de cette voix de commandement âpre et altière que tout le monde connaissait bien.

Chacun resta fixe, et les yeux, pleins d'une surprise inquiète, se portèrent tous sur Capdepont.

Lui, cependant, avait une attitude superbe. La taille redressée, car tout à l'heure il se tenait demi-courbé devant l'abbé Ternisien, il venait de reprendre toute sa grande allure d'autrefois. On devinait néanmoins, à sa pose plus abandonnée, qu'une main inconnue, — était-ce le doigt de Dieu ou celui du démon ? — avait touché cette barre inflexible, et qu'elle était désormais capable de se plier et d'onduler comme un roseau. Le long de ses jambes, hautes et fermes, les plis de sa soutane tombaient droit, le drapant avec la rigidité marmoréenne d'une statue; mais évidemment cette statue avait des entrailles et un cœur.

La poitrine de l'abbé Capdepont, qu'on eût pu croire grêle, semblait s'être élargie tout à coup pour absorber plus d'air et respirer plus librement. Sa tête surtout paraissait transfigurée. Certes, c'étaient toujours les belles lignes sculpturales, pleines de noblesse, qui nous ont arrêté dès le commencement de cette étude; seulement, au lieu de lire, sur les traits éternellement convulsés de ce prêtre, l'angoisse, l'amertume, le dédain brutal de la supériorité, on y découvrait l'indulgence, la sympathie, presque la bonté. Ses yeux, foyers ardents d'où jaillirent tant de flammes criminelles, brillaient toujours comme des phares, à l'ombre de ses épais sourcils, mais l'éclat s'en trouvait singulièrement tempéré ; plus d'éclairs sinistres : une lumière voilée, timide, quelque chose de tendre, de bienveillant et d'affectueux. Il n'était pas jusqu'à son abondante chevelure, dont, la veille, l'âpre obstination d'une vengeance atroce secouait les mèches ainsi que des serpents, qui, en encadrant désormais le visage de ses ondes grises, vaporeuses, transparentes, ne lui communiquât un caractère de résignation céleste et d'idéale douceur. Autour de ce front, siège d'une intelligence sublime, le nuage de ses cheveux argentés ressemblait au nimbe d'un saint ou à la couronne d'un roi.

« Messieurs, dit Capdepont avec une émotion qu'il n'était plus maître de contenir, et qui fit frissonner l'assistance, ce n'est pas seulement pour offrir des excuses à M. l'abbé Ternisien et déplorer publiquement les tristes débats qui s'élevèrent entre Monseigneur de Roquebrun et le Supérieur du grand séminaire que je suis venu à Saint-Irénée... »

Il fit une pause.

« Et pourquoi encore ? » demanda vivement Mical.

L'abbé Capdepont déroula, sur ses prunelles ardentes comme celles de l'aigle, ses longues paupières bistrées, et se recueillit.

« Nous vous supplions de parler, monsieur le Vicaire-Général, reprit le professeur de *morale*, lequel se sentait des fourmillements par tout le corps.

— Parlez ! parlez ! » s'écrièrent toutes les bouches tendues vers Rufin Capdepont comme tous les yeux.

Alors, le Vicaire-Général capitulaire articula, avec une lenteur qui lui permit d'en scander chaque syllabe, les quelques mots suivants :

« Messieurs, le second motif qui m'a conduit dans cette cathédrale est, comme le premier, un motif de pénitence... Suis-je digne, en effet, du ministère auguste auquel

Dieu vient de m'appeler?... *Domine, non sum dignus*... Mes frères, mes amis, mes enfants, car il en est de jeunes parmi vous que j'aimerai comme un père, en recevant la nouvelle que, ce matin même, j'ai été nommé évêque de ce diocèse...

— Tu l'es!... interrompit Mical, qui ne put retenir ce cri.

— ... Je n'ai songé qu'à une chose, à venir pleurer mes fautes, à venir m'humilier au pied des autels.

— Vive Monseigneur! s'écria Mical, transporté.

— Vive Monseigneur! » répétèrent les prêtres diocésains.

L'archiprêtre Clamouse avait brusquement quitté le bras de l'abbé Ternisien et était arrivé enfin sans encombre en face de l'abbé Capdepont.

« Vive Monseigneur! bredouilla-t-il avec tout le restant de ses forces... Si nous chantions un *Te Deum*? ajouta-t-il.

— Pas encore, messieurs, pas encore! » intervint véhémentement l'abbé Lavernède, dont la voix, qui portait la tempête, eut dans la sacristie des retentissements de clairon.

L'évêque nommé de Lormières laissa tomber sur son ennemi un regard profond. Devinant que la lutte était proche, il ne songea qu'à se fortifier dans le calme impassible qu'il s'était imposé si habilement, et se promit bien de n'en point sortir.

Peut-être, malgré les grandes provisions de force accumulées au fond de lui-même, l'abbé Capdepont regretta-t-il d'avoir quitté les bureaux de l'évêché pour courir cette dernière aventure. La vérité est que, en recevant la dépêche de Paris signée Bonnardot, il avait éprouvé comme un éblouissement, et s'était précipité vers Saint-Irénée, sans délibération, sans calcul, presque à son insu, poussé par cet égoïste sentiment de la nature humaine qui veut que nous allions crier nos bonheurs à autrui pour l'en humilier et l'en faire souffrir. Notre triomphe, n'est-ce pas l'abaissement de ce qui nous entoure? Or, il est si doux d'être mis à même par la fortune de se montrer cruel et de faire envie!

C'est seulement quand il fendit les flots de la multitude encombrant la cathédrale, que Rufin Capdepont se sentit dégrisé et se reconquit tout entier lui-même. L'idée lui vint de reculer. C'était impossible, car on l'avait vu certainement.

« J'y vais, se dit-il les yeux arrêtés sur la porte de la sacristie, mais je me conduirai en évêque. »

Et maintenant, l'aumônier des prisons s'élançant dans la lice pour l'exaspérer et le mordre, son humeur facile aux emportements se rassérénait par cette pensée qui le chatouillait délicieusement :

— Je ne suis plus l'abbé Capdepont, je suis Monseigneur Rufin.

« Messieurs, M. l'abbé Lavernède a raison : je ne suis pas évêque encore. Le pouvoir civil, qui est peu de chose, m'a nommé; mais le Saint-Père, qui est tout, ne m'a pas encore élu. Aussi vous supplierai-je de joindre vos prières aux miennes afin que Dieu, dans le choix qui doit être fait de votre évêque, éclaire le Souverain Pontife...

— Le Souverain Pontife, soyez-en convaincu, sera éclairé sur les plus minutieux détails de votre vie, répliqua l'aumônier des prisons.

— Pensez-vous à vous porter mon accusateur, monsieur Lavernède?

— Je vous en préviens, une voix s'élèvera contre vous dans Israël.

— Vous êtes donc implacable?

— Ne le fûtes-vous pas, pendant dix ans, envers Monseigneur de Roquebrun, l'*évêque Roquebrun,* comme vous l'appeliez avec mépris?

— Monsieur! s'écria Capdepont, que ce coup ébranla dans son impassibilité.

— Je vous l'ai dit hier, je ne vous crains point! » repartit l'aumônier des prisons, repoussant les prêtres qui essayaient de le contenir et marchant droit sur le Vicaire-Général.

Celui-ci, dont toute la nature se soulevait, baissa les yeux pour ne point voir son ennemi. Qui sait? Peut-être avait-il peur de ne pouvoir résister à la terrible tentation de se jeter en avant et de l'écharper. Mical n'avait-il pas accusé Capdepont de se précipiter, à de certaines heures, comme une force aveugle? Quelle lutte si le montagnard de Harros, un moment pacifié par le sentiment de son ambition satisfaite, en arrivait à ne pouvoir plus tenir en bride ses passions, qui s'élanceraient pareilles à des bêtes féroces, gueule béante et griffes déployées !

Il était manifeste que, à cet instant même, Rufin Capdepont livrait à ses instincts en révolte la plus acharnée bataille de sa vie. Ses genoux, si assurés, avaient maintenant, sous la soutane, de petits mouvements convulsifs. Ses deux mains s'étaient fondues par une étreinte nerveuse en un poignet unique, quelque chose de formidable comme une massue. Le feu de la rage tordait la statue dont nous admirions les proportions harmonieuses, et semblait la disloquer. La tête de notre héros, cette tête si fière, retombait sur sa poitrine, de telle sorte que la révolution dont sa face était le théâtre sans doute, échappait complètement aux yeux. Que se passait-il là-dessous ?

Enfin le Vicaire-Général releva son beau front, et laissa voir, à l'étonnement de tous, un visage tranquille, presque souriant. La Bruyère a écrit : « *Il n'y a rien qui rafraîchisse le sang comme d'avoir su éviter une sottise.* » Il y avait, en effet, du rafraîchissement sur les traits paisibles de Rufin

Capdepont. Il avait triomphé de lui-même.

« Monsieur Lavernède, que vous ai-je fait pour me persécuter ainsi ? demanda-t-il d'une voix mouillée de larmes.

— A moi, rien ; mais vous menacez l'Église.

— L'Église pour laquelle je suis prêt à mourir !

— Et à vivre, » ajouta l'aumônier des prisons avec sarcasme.

Capdepont pâlit, et, comme pris de défaillance, s'appuya brusquement sur le bras de l'abbé Mical, qu'il pressa de sa main crispée. Il était à bout. Il avait usé toutes ses forces, et sentant son impuissance à soutenir plus longtemps son rôle de victime résignée, il appelait au secours. Le sang lui bouillonnait dans la poitrine comme une mer. Il allait être débordé par les flots. Mical, l'habile, l'astucieux, l'instinctif Mical comprit la pression énergique et brûlante de son maître. Il fallait le sauver.

« Messieurs, dit-il, Monseigneur Capdepont souffre... Je reconnais les signes avant-coureurs des crises auxquelles il est en proie depuis quelques jours... Monsei-

gneur vous recevra tout prochainement...
— Monsieur l'abbé Turlot, courez prévenir le docteur mon frère de se rendre immédiatement dans les bureaux de l'évêché. Je crains bien que Monseigneur ait besoin de son ministère. Allez vite... »

Il offrit son bras à l'abbé Capdepont, qui s'y appuya le plus sérieusement du monde.

« Mes amis, priez pour moi, priez pour moi, répéta le nouvel évêque de Lormières, traversant les rangs du clergé, qui le regardait avec un intérêt ému.

— Quel comédien ! » ne put s'empêcher de murmurer Lavernède.

Capdepont l'entendit, mais son corps penché n'eut pas un frémissement.

« Mes révérends Pères, dit-il à voix basse, s'adressant aux Supérieurs des ordres religieux, si vous écrivez à Rome, priez vos Généraux respectifs de déclarer au Saint-Père que ma santé est des plus mauvaises, et que je redoute de ne pouvoir suffire aux charges écrasantes de l'épiscopat. Hélas ! ma vie est atteinte aux sources ; mais je mourrai les yeux tournés vers la Chaire de Pierre, qui eut toujours les tendresses de mon cœur et les soumissions de mon esprit. »

Cependant, la plupart des curés de la ville, que l'archiprêtre Clamouse n'eut pas besoin d'aiguillonner, accompagnaient, à travers la cathédrale, le pauvre évêque malade, qui fuyait, harcelé par l'aumônier des prisons.

En arrivant devant le catafalque de Monseigneur de Roquebrun, où quelques bouts de cierges, jetant des lueurs tremblantes, achevaient de se consumer dans les bobèches d'argent, Rufin Capdepont s'arrêta. Il s'inclina, puis se signa gravement. Pour Lavernède, cette momerie devant la crosse et la mitre qu'il avait tant convoitées, revêtit le caractère d'une profanation. Il n'y tint plus, et ce cri d'exécrable imprécation s'échappa de sa bouche :

« Caïn, qu'as-tu fait de ton frère ? »

Mais Rufin Capdepont, que Mical serra plus étroitement, ne répondit rien à cette accusation féroce ; il se courba un peu plus sur le bras de son fidèle acolyte, et sortit de Saint-Irénée en chancelant. Rome n'ayant encore procédé à aucune information et la préconisation demeurant chose incertaine, l'heure n'était pas venue pour ce nouveau Sixte-Quint de rejeter ses béquilles, de se redresser de toute sa taille et d'imposer le respect ou la terreur à ses ennemis.

XXIV

L'ÉVASION

Ce fut une immense rumeur dans la petite ville des monts Corbières. Les dévotes, que, de longue main, avaient subjuguées les grands airs despotiques du Vicaire-Général, allaient de porte en porte, chantant à mi-voix, comme à la veille de Pâques :

« Alleluia! M. l'abbé Capdepont est évêque de Lormières. Alleluia! alleluia! »

Lui, cependant, ne paraissait nulle part. Aux gens empressés que toute élévation attire, et qui journellement, — prêtres ou laïques, — encombraient la cour de l'évêché pour offrir leurs félicitations à Sa Grandeur, Mical, en faction à la porte des bureaux, répondait invariablement :

« Monseigneur est malade ; il ne peut recevoir personne, par ordonnance du médecin. »

C'est à peine si ce geôlier incorruptible, lequel, voyant son grand-vicariat dans l'épiscopat de son ami, défendait le bien d'autrui pour protéger le sien propre, permit à Capdepont de figurer à la fête que, à son retour de Paris, le baron Thévenot donna, dans son hôtel des bords de l'Arbouse, en l'honneur de l'ancien précepteur de son fils. Le nouvel évêque, du reste, s'y montra d'une circonspection remarquable. La baronne et le baron, tout à la joie d'avoir *fait un évêque,* eurent beau le stimuler de toutes les façons, comptant l'amener à prononcer quelque discours, ce qui eût été un honneur pour cette maison où il était entré jadis si pauvre, si humble, si nu, il ne se départit pas de sa réserve. Au lieu de se mêler aux invités laïques, parmi lesquels la vanité de madame Thévenot se croyait intéressée à le voir briller, Capdepont, qui, d'un regard furtif, avait scruté le groupe des cravates blanches, avisant le visage hautain et railleur du vicomte de Castagnerte, s'était rejeté vers les quelques ecclésiastiques qui l'avaient accompagné, l'archiprêtre Clamouse, l'abbé Turlot, Mical, d'autres encore, et s'était obstiné à ne pas se séparer d'eux. Encore, dans ce milieu ami, n'articula-t-il que de rares paroles : deux mots sur sa santé misérable, une phrase sur le Saint-Père, qui avait son respect et sa soumission... Ce fut tout.

En adoptant cette ligne de conduite, où la prudence le disputait à la ruse, Rufin Capdepont obéissait à la loi suprême de son intérêt. Jamais, en effet, il ne s'était vu entouré de plus de pièges ; jamais ses ennemis n'avaient travaillé contre lui avec une rage plus acharnée. Non-seulement l'abbé Lavernède, fidèle à une haine qui prenait sa source dans l'exaspération du sentiment religieux, avait soulevé contre le protégé de M. Bonnardot tout le Quartier des Papeteries, mais il lui aliénait chaque jour davantage le Quartier des Couvents. Le vicomte de Castaguerte régnait là en maître absolu et activait les ravages.

Bientôt l'hostilité de la ville devint si manifeste que Capdepont, résolu à éviter la rencontre des ouvriers papetiers, capables de toutes les provocations, n'osa plus sortir du grand séminaire pour aller aux bureaux de l'évêché, où l'expédition des affaires diocésaines l'appelait chaque matin.

Certes, ce ne fut pas sans peine que le montagnard de Harros, violent jusqu'à la frénésie, se résigna à cette vie recluse, et plus d'une fois le cloître des Minimes, à travers la solitude duquel, en compagnie de Mical, il promenait ses orageuses mélancolies, retentit des cris que lui arrachaient les blessures faites à son caractère, à sa dignité, à sa haute situation. Mais que tenter contre l'opinion publique ameutée ? Afin de ne point voir tomber de sa tête la mitre qu'on venait d'y poser, cet homme indomptable dut apprendre à se vaincre lui-même, en attendant qu'il lui fût permis d'appesantir sa rude main sur les autres pour les plier et les obliger à demander merci.

Cependant, si l'abbé Lavernède avait réussi à coucher le terrible Capdepont sur un lit de fagots épineux, il ne dormait pas, lui, sur des roses. A Lormières, tout marchait à merveille; mais à Rome?... On n'avait aucune nouvelle de là-bas. Depuis près d'un mois, les rapports du Provincial des Capucins, du Prieur des Dominicains, du Supérieur des Maristes étaient partis, et l'on ne répondait point. Allait-on ne faire aucun cas de tant de pièces importantes, capitales, signées de personnages si considérables, si autorisés!

Pour comble de malheur, l'abbé Ternisien, nature délicate, sans grand ressort, bien que décidé à rentrer à son couvent de Tivoli, sous un prétexte ou sous un autre, retardait indéfiniment son départ pour Rome. Ennemi de tout débat, de toute lutte, le jeune prêtre tremblait à la pensée de la mission dont on ne manquerait pas de le charger, et, pensant esquiver la corvée, il attendait. Certes, en son âme et conscience, il croyait Capdepont indigne de l'épiscopat; il eût souhaité, pour l'honneur de l'Église, qu'une main énergique saisît ce rebelle au collet et le chassât brutalement de la dignité qu'il allait envahir. Mais, quant à devenir lui-même ce poignet robuste, capable de traîner hors du temple le fourbe, l'orgueilleux, le vindicatif Vicaire-Général, il ne s'en sentait ni la force, ni la volonté. Il différait donc de quitter Lormières, il différait toujours...

« Il faut partir! lui dit un matin l'aumônier des prisons, qui parut soudain devant lui la face injectée de bile et de sang.

— Que se passe-t-il donc, mon Dieu?

— Je sors de chez le Père Trézel. Malgré des répugnances presque insurmontables et mon peu d'espoir de convaincre ce Jésuite, je suis allé le voir pour le prier de tenter, lui aussi, une démarche auprès de son Général. — Il est bien évident, me disais-je pour me donner du cœur en entrant au collège de Saint-Stanislas Kotska, que Capdepont succomberait, si je parvenais à lancer contre lui la corporation la plus puissante de la chrétienté...

— Et vous avez échoué?

— Non-seulement j'ai échoué, non-seulement je n'ai rien obtenu de ce Père cauteleux; mais, étant parvenu, non sans beaucoup d'astuce, je le confesse à ma honte, à lui tirer les vers du nez, j'ai cru comprendre à certaines réticences de son langage que ce n'est pas le procès de Rufin Capdepont qu'on instruit à Rome...

— Et lequel, alors?

— Le mien, le vôtre surtout, mon cher ami.

— Mon procès! s'écria l'abbé Ternisien, qui pâlit affreusement.

— « Dans les bureaux apostoliques, on « aurait été surpris de voir, mêlé aux mi- « sérables querelles de Lormières, le nom « d'un jeune ecclésiastique qui avait laissé « un bon souvenir à Rome, que Son Émi- « nence le cardinal Maffeï avait honoré de « son amitié, et à qui le Saint-Père lui- « même daigna accorder quelques témoi- « gnages de sa bienveillance. » — Voilà comment s'exprime le Père Trézel, sans vous regarder jamais en face, par exemple! »

Le pauvre abbé Ternisien ne revenait pas de sa surprise.

« C'est trop fort! fit-il avec un geste d'emportement.

— Voilà des tours comme en savent jouer Capdepont, Mical et le Supérieur de Saint-Stanislas Kotska, car il ne faut plus séparer ces trois noms désormais... C'est bien cela, le Vicaire-Général est transformé en victime, et MM. Lavernède et Ternisien deviennent les calomniateurs de ce malheureux, incapable de se défendre ! Quelle pitié vraiment !... Ah ! pauvre Église catholique !... Pourtant, si l'on ne croyait pas en un Dieu juste !... »

L'aumônier des prisons lança vers le ciel un regard où éclatèrent toutes les angoisses de son âme.

« Dieu n'est pour rien dans les intrigues ourdies par le Démon, » balbutia Ternisien avec la foi robuste des simples et des saints.

Il y eut un silence.

« Ne nous laissons pas abattre, mon ami, reprit Lavernède d'un ton résolu ; pour Dieu, pour son Église, nous devons lutter jusqu'à la fin... Partez... Vous verrez là-bas le cardinal Maffeï, lequel, par un bonheur inespéré, me paraît avoir été désigné par la curie romaine pour instruire l'affaire de Capdepont. Le cardinal vous connaît ; il vous écoutera et vous l'éclairerez... Vous savez quelles attaches infrangibles me retiennent à Lormières ; eh bien ! si j'avais en Italie les relations dont vous pouvez tirer un parti décisif pour notre cause, j'abandonnerais ma mère, et je volerais au secours de l'Église, cette autre mère que nous aimons en fils dévoués et jaloux...

— Je partirai demain.

— Hâtons-nous. M. de Castagnerte, que j'ai rencontré dans la rue Saint-Frumence, croit que Capdepont a quitté Lormières depuis longtemps. Mical se tient toujours debout à la porte du grand séminaire, et son frère le médecin ne néglige pas ses visites quotidiennes au cloître des Minimes. Mais c'est une comédie destinée à masquer l'absence de Capdepont... Un paysan des environs, — il y a plusieurs semaines, — cheminant la nuit à travers un sentier perdu de la montagne, rencontra un prêtre de haute taille qui marchait à grands pas, en se parlant à lui-même avec des gestes désordonnés. C'était Capdepont évidemment. Intéressé à cacher son départ, il gagnait à pied je ne sais quelle station dans le haut pays. Où allait-il ? A Paris sans doute, harceler le Nonce, mettre tous ses amis debout...

— Je partirai ce soir, » articula l'abbé Ternisien avec énergie.

XXV

LE CARDINAL MAFFEI

L'ancien secrétaire de Monseigneur de Roquebrun arriva à Rome vers le milieu du mois d'août, la veille même de la fête de l'Assomption. Il descendit chez les pères théatins, au couvent de Saint-André della Valle, où il comptait de nombreux amis, et s'y reposa quelques jours. Enfin, un peu remis des fatigues du voyage, et ayant fait une suffisante provision de forces, il s'achemina une après-midi vers la cité Léonine, et vint frapper à la porte du palais Candia, habitation du cardinal Maffeï.

L'abbé Ternisien n'attendit pas longtemps. Ce fut Son Éminence elle-même qui, rompant avec l'étiquette, très en faveur dans ces maisons de la grande prélature, où tout s'accomplit cérémonieusement comme dans les églises, vint le chercher sur la banquette de l'antichambre.

« Mon cher enfant, mon cher enfant ! » dit Monseigneur Maffeï, l'embrassant avec effusion.

Notre jeune prêtre, dont le cœur battait haut, suivit le cardinal dans la vaste pièce qui lui servait de cabinet de travail.

Son Éminence le cardinal Maffeï était un vieillard de soixante-quinze ans environ. Il se tenait un peu courbé, mais, on le devinait, sa taille avait dû être de beaucoup au-dessus de la moyenne. Son crâne, dénudé presque complètement, affectait le ton luisant et poli de l'ivoire. Quelques rares cheveux blancs, au-dessus des oreilles et au bas de la nuque, rappelaient son ancienne couronne monastique, car il avait été Abbé des Franciscains de Tivoli. Son visage à angles aigus, commandé par un grand nez long à la saint Charles Borromée, était pâle, et avait un caractère de froideur ascétique qui imposait. Il marchait lentement, comme il sied à ceux qui portent la pourpre.

Le cardinal montra un siège à Ternisien et s'assit.

« Enfin, vous nous revenez, dit-il avec bonté.

— Et pour jamais, Éminence.

— Tant mieux. On vous a beaucoup regretté à Tivoli. Quand, ce matin, j'ai annoncé votre retour au Général des Franciscains, qui est venu me voir, il en a paru tout heureux.

— On avait donc informé Votre Éminence de ma prochaine arrivée ici? demanda Ternisien, trop honnête pour dissimuler sa surprise.

— Est-ce que je ne sais pas tout ce qui se passe dans la chrétienté ? répondit en souriant le cardinal.

— Cependant je n'avais écrit à personne...

— Et mon petit doigt ? fit Monseigneur Maffeï levant sa jolie main de prélat blanche et fuselée... Non! c'est hier seulement que j'appris, chez les Jésuites, au *Gesù*, que vous étiez arrivé ou alliez arriver à Rome.

— Au *Gesù!*... Ah! j'y songe, le Père Trézel...

— C'est, en effet, le nom du Père dont on m'a lu un grand rapport sur la petite échauffourée cléricale de Lormières... Mais, mon cher enfant, il était fort question de vous en ce grimoire... Vous avez fait des vôtres, paraît-il, avec votre ami... votre ami... Aidez-moi donc...

— L'abbé Lavernède?

— Oui, l'abbé Lavernède... Quel homme emporté, ce Lavernède!...

— Vous ne vous trompez point, Monseigneur : l'abbé Lavernède, dont je suis l'ami, a la haine vigoureuse du péché, et, devant lui, il ne sait garder aucune retenue. Moi, qui n'ai pas son courage, je lui adressai souvent des reproches pour cette poursuite trop acharnée du mal. « *Vous vous attirerez quelque méchante affaire,* » lui répétai-je cent fois. — A vrai dire, je ne me doutais pas que j'étais si bon prophète. »

Le cardinal regardait l'abbé Ternisien articulant ces paroles avec feu. Quand il eut fini, il continua à l'observer avec attention.

« Prenez garde, mon cher abbé, lui dit-il ; j'ai sur tout ce qui s'est passé à Lormières des informations précises. Pour pallier les torts de votre ami, il ne faudrait pas...

— Si Votre Éminence veut bien me permettre de lui faire un récit fidèle... »

La voix du malheureux Ternisien s'embarrassa, et de grosses larmes lui coulèrent le long des joues.

Le cardinal, un vieux diplomate dont le cœur à la longue s'était desséché dans la discussion des affaires, resta froid devant cette émotion juvénile. Il eut un geste poli pour engager l'ancien secrétaire de Monseigneur de Roquebrun à s'expliquer, et n'articula pas un mot.

Alors l'abbé Ternisien raconta l'épiscopat tout entier de Monseigneur de Roquebrun et l'opposition implacable de l'abbé Rufin Capdepont. Il n'omit aucune circonstance du long martyre de son protecteur, de son ami. Plus d'une fois même, il cita les termes des rudes apostrophes de celui qu'il osa appeler le *bourreau* du dernier évêque de Lormières.

Le cardinal écoutait impassible, penché vers son interlocuteur pour ne perdre aucune de ses paroles.

En vain celui-ci s'interrompit-il maintes fois, cherchant à surprendre sur les traits de Son Éminence quelque trace des émotions qui le secouaient lui-même si violemment ; le masque impénétrable, comme glacé, de ce vieillard attentif et recueilli ne révéla rien de ses intimes impressions.

Bien qu'embarrassé par un silence qui accusait des préventions peu favorables, notre jeune prêtre, qui voyait son honneur en jeu, l'honneur aussi de l'abbé Lavernède, poursuivit courageusement. Bientôt, il en arriva à la scène horrible du cercueil de Monseigneur de Roquebrun dans la cour de l'évêché, au milieu du Chapitre et du clergé de Lormières réunis. Pour le coup, le cardinal parut touché, car il releva un peu la tête et regarda fixement Ternisien.

« Ces faits se sont-ils passés absolument comme vous me les racontez ? demanda-t-il sévèrement.

— Je l'atteste devant Dieu !

— C'est bien, je vous crois... Continuez.

— Je n'ai plus rien à ajouter, Monseigneur.

— Pardon... Vous ne me rapportez pas la dernière scène de ce petit mélodrame, peu édifiant, j'en conviens, mais moins terrible qu'on ne se l'est imaginé à Lormières. Cette scène, que je tiens à vous rappeler, est celle où votre abbé Lavernède, en pleine cathédrale de Saint-Irénée, ne craignit pas de jeter à la face de M. le Vicaire-Général capitulaire l'accusation, assez difficile à justifier, d'avoir tué Monseigneur de Roquebrun.

— M. l'abbé Lavernède, devant le catafalque de l'évêque défunt, se contenta de crier : « *Caïn, qu'as-tu fait de ton frère ?* »

— Cela me paraît suffisant, et je ne dis pas autre chose.

— La chaleur de la lutte pourrait peut-être excuser...

— Non... Remarquez, du reste, que, au moment où cet abbé Lavernède outrageait à ce point M. le Vicaire-Général capitulaire, celui-ci venait d'être nommé évêque, ce qui devait le faire sacré pour tous. Le respect de la hiérarchie demeure une des forces de l'Église.

— Votre Éminence me permettra-t-elle de lui avouer que, pour M. l'abbé Lavernède... et pour d'autres, ce qui fait les évêques, c'est l'institution canonique, nullement la désignation, sans caractère religieux, du pouvoir civil ? Mon ami ne crut donc pas que la dépêche arrivée le matin même de Paris mît M. l'abbé Capdepont à l'abri des terribles responsabilités que ce dernier avait encourues.

— Votre ami eut tort. Nous qui signons des Concordats avec tous les souverains de la terre, nous savons ce que nous devons penser de l'autorité laïque ; mais nous sommes loin d'afficher pour elle les mépris superbes d'un petit ecclésiastique de Lormières. Certes, les candidats à l'épiscopat qui lui viennent du Nord et du Midi ne sont pas tous également agréables au Saint-Père. Seulement, Sa Sainteté a la conscience très nette de la situation où se trouve placée l'Église, et il est assez rare qu'elle ne ratifie pas les choix des gouvernements... M. Lavernède est intelligent ; il n'ignore donc pas à quels ménagements particuliers le Saint-Siège est tenu vis-à-vis de la

France, et il a été coupable de provoquer un scandale qui, n'eût été la sagesse de M. l'abbé Capdepont, pouvait devenir, entre Paris et Rome, le sujet du plus regrettable conflit. »

Il y avait un blâme pour l'abbé Ternisien dans le ton un peu dur dont furent prononcées ces dernières paroles. Le jeune prêtre le comprit, et tout d'un coup se sentit glacé.

Encore une fois, l'ancien secrétaire intime de Monseigneur de Roquebrun n'était pas fait pour la lutte. Voyant peser sur lui, sur son ami, qu'il confondait généreusement avec lui-même, d'odieuses imputations, le sentiment qu'il avait de la justice s'était révolté, et il avait pu articuler des mots assez vifs. Mais, puisque tout effort devenait inutile, puisque l'iniquité triomphait, un seul parti lui restait à prendre, le parti de la résignation. C'est ainsi que les natures pusillanimes ou trop absorbées dans la charité abandonnent les plus nobles causes et laissent la victoire facile aux méchants. L'adoration trop absolue de soi-même ou de

Dieu engendre trop souvent des résultats identiques.

Ternisien, terrifié par l'attitude du cardinal, était désormais à l'affût du premier prétexte qui lui permettrait de battre en retraite honorablement. Oh! avec quelle joie il quitterait ce monde pervers et s'enfuirait vers sa solitude de Tivoli! A cette minute de découragement suprême devant l'âpreté des passions humaines, le jeune Franciscain savoura par la pensée toutes les délices de la vie religieuse dans une cellule écartée, au fond d'un désert. Oh! l'anéantissement!...

Monseigneur Maffeï, dont l'œil d'inquisiteur suivait toutes les incertitudes, toutes les craintes, tous les affolements de l'homme faible assis devant lui, fut ému de pitié. Par un mouvement affectueux, il lui prit les mains dans les siennes et les serra. A ce contact, Ternisien, noyé dans un océan d'amertume, se réveilla comme en sursaut, et, fort embarrassé de son long silence, balbutia cette question :

« Vous croyez alors, Éminence, que Sa Sainteté préconisera M. l'abbé Capdepont? »

Le cardinal se leva vivement.

« Eh quoi ! s'écria-t-il avec une colère qui n'allait pas sans ironie, parce qu'à Lormières, une bourgade au bout du monde, quelques prêtres diocésains et quelques Religieux se sont donné la satisfaction peu charitable de pousser à bout la nature fougueuse, peut-être trop fougueuse, de M. l'abbé Capdepont, il faudra que l'Église se prive des énormes avantages que cette même nature, conduite par elle, modifiée, modérée par elle, est susceptible de lui procurer ? En vérité, monsieur, je reste confondu par les prétentions des gens qu vous envoient. Oui, l'outrecuidance est singulière !... Et depuis quand, je vous prie, appartient-il aux simples clercs de s'immiscer dans des questions qui relèvent uniquement du Saint-Père ou de ceux qu'il a délégués souverainement ? Mais c'est un bouleversement complet de la hiérarchie... Si vous autres, Français, vous aimez la Révolution, nous, Romains, nous la détestons de tout notre cœur, et, nous refusant à courir les aventures, nous nous obstinons à vouloir rester immobiles sur la pierre, *super petram*, où nous plaça la main de Dieu... Prenez-en votre parti, monsieur l'abbé : le candidat que nous présente votre gouvernement pour le siège de Lormières sera canoniquement institué. Non que nous ayons pour votre Empereur, dont le but, nous ne l'ignorons point, est d'abaisser l'épiscopat français, espérant le dominer plus facilement quand il l'aura rempli de sujets incapables, plus de déférence qu'il ne convient ; mais parce que les renseignements de la Nonciature de Paris et d'ailleurs nous présentent M. l'abbé Capdepont comme un ecclésiastique du plus grand mérite, de la plus haute vertu. Il possède une qualité supérieure entre toutes, et dont l'Église a le devoir de tenir compte, dans ces temps où les pouvoirs laïques atteignent le comble de l'audace, de la scélératesse, de la perversité : il est courageux. M. l'abbé Capdepont, voilà enfin un *caractère*. Ah ! plût au ciel que la crosse pastorale tombât toujours en des mains aussi robustes et aussi dévouées !

— Oserai-je faire observer à Votre Éminence que ce dévouement au Saint-Siège est d'assez fraîche date ? Car autrefois...

— C'est une erreur. Le Vicaire-Général de Lormières a subi l'autorité civile, il ne l'aima jamais. Il devait être évêque. Dieu, qui lui réservait une mission dans son Église, avait mis dès longtemps « *dans sa chair et dans ses os* », selon l'énergique expression biblique, le sentiment de sa force, et s'il fut contraint, pour faire aboutir une ambition dont le ciel devait tirer profit, de jeter quelques miettes de flatterie à votre ministre des cultes, dans le fond il jugeait la misère de ce qu'on appelle, dans le jargon politique, *les pouvoirs constitués,* et les méprisait. Il parut, en effet, se soumettre à Paris ; mais, en réalité, c'était à Rome qu'il se soumettait ; c'est pour Rome qu'il s'humiliait jusqu'à ruser, quelquefois même jusqu'à... mentir.

— Mentir, Éminence, mentir ! répéta Ternisien scandalisé.

— Eh bien ! qu'est-ce qui vous prend, et quel sens étroit et ridicule attachez-vous à ce mot ? Ah ! comme on voit bien que vous nous avez quittés depuis plus de dix ans ! Vous n'entendez donc plus notre langage ?

L'Église ne ment jamais, monsieur l'abbé !
Il n'est pas dans la puissance de l'Église, la
vérité même, de mentir. Seulement, l'Église,
en lutte, dans les premiers temps, avec les
derniers princes païens; au moyen âge,
avec des rois à demi barbares ; de nos
jours, avec l'univers entier soulevé contre
elle, pour poursuivre sa mission divine à
travers les siècles, a eu constamment besoin de souplesse et d'habileté... Les cardi-
naux Caprara, Consalvi, harcelés par le
général Bonaparte, capable de provoquer
un schisme en France, furent forcés de lui
mentir plus d'une fois, comme M. l'abbé
Capdepont, empêtré dans les intrigues gallicanes de Napoléon III, lui a menti... Mais,
je vous le demande, monsieur, ment-on
quand on sauve l'Église ? Ment-on quand,
malgré les hommes, acharnés à exiler Dieu
du monde, on emploie les ressources, les
finesses, les subtilités mêmes de son esprit
à maintenir ici-bas le règne de Celui qui
est la voie, la vérité et la vie, « *Ego sum
via, veritas et vita* » ?

Un grand trouble s'était emparé de l'abbé
Ternisien. Il regarda le cardinal Maffei ;

qui venait de se rasseoir, avec une expression effarée.

« Et puis, de quels talents M. l'abbé Capdepont n'a-t-il pas été doué ! reprit le vieux prélat entraîné par l'enthousiasme. Je voudrais que vous vous fussiez trouvé à Saint-Louis-des-Français, le jour de la fête de l'Assomption, et que vous l'eûssiez entendu...

— Quoi ! M. Capdepont est à Rome ?

— Il a eu l'honneur insigne de prononcer le panégyrique de la Vierge Marie, en présence du Saint-Père et de tout le Sacré-Collège. Quelle élévation ! Quelle puissance ! Et aussi quelle chaleur dans sa parole ! — « *Il me semble que j'entends saint Bernard,* » a murmuré à plusieurs reprises le Cardinal-Vicaire... Dans l'après-midi de ce grand jour, Sa Sainteté a voulu recevoir M. l'abbé Capdepont pour lui adresser elle-même ses félicitations... Mon cher Ternisien, si vous eussiez vu celui que vous aimez si peu dans les salons du Vatican, ses façons aisées, sa tournure à la fois altière et modeste, vous eussiez été d'avis, comme moi, que Dieu n'avait accordé à cet homme cette surprenante dignité extérieure que parce qu'il l'avait réservé de longue main à quelque haute destinée. — « *La mitre fera bien sur cette tête,* » a dit le Saint-Père au Général des Jésuites, qui accompagnait le nouvel élu. — Puis, embrassant M. l'abbé Capdepont prosterné à ses pieds, Pie IX a daigné l'appeler « *Mon frère !* »

— Dans ce cas, tout est fini ?

— Tout est fini, mon enfant. M. l'abbé Capdepont, — je vous autorise à faire parvenir cette nouvelle à Lormières, — sera préconisé dans le consistoire qui sera tenu le 8 du mois prochain, jour de la Nativité de la Très Sainte Vierge. »

L'abbé Ternisien se leva, salua profondément Son Éminence, et, sans mot dire, se dirigea vers la porte du cabinet de travail.

« Et vous vous en allez ainsi sans murmurer un adieu ! » lui demanda le cardinal.

Le jeune prêtre se retourna, fit deux pas vers Monseigneur Maffeï, et soudain se mit à genoux devant lui.

Le vieux prélat se redressa, étendit gravement la main, puis fit le signe de la bénédiction.

« Voyons, mon enfant, dit-il à Ternisien, le relevant avec bonté, soyez absous de votre peccadille, et n'y retombez plus. Laissez les affaires de l'Église à ceux à qui Dieu en a imposé le poids. Tout à l'heure, vous allez retrouver dans notre adorable solitude de Tivoli, où vos frères vous attendent, la paix et le contentement. Que ne m'est-il accordé de vous y suivre !... N'êtes-vous pas plus heureux que moi ?... Pourquoi le Saint-Père ne m'a-t-il point laissé là-bas au milieu de vous ! Ah ! j'échangerais volontiers ma pourpre contre ma bure d'autrefois !... Si vous saviez ce que sont les affaires, et combien peu les hommes aiment la justice ! Que vaut la dignité cardinalice comparée au repos que je goûtais ? A Tivoli, je fus novice, puis moine, puis Abbé... Quelles délices ! »

Monseigneur Maffeï, ému au souvenir de ses jeunes années de piété simple et modeste, s'interrompit.

Il reprit bientôt d'une voix énergique :

« Mais songez-y, mon bien-aimé Ternisien, s'il faut des Réguliers, des Séculiers pour le triomphe et la splendeur céleste de l'Église, il faut aussi des évêques courageux pour la défendre. Ceci me ramène tout naturellement à M. l'abbé Capdepont, et je me trouve dans l'obligation de vous dire que, en cette déplorable affaire de Lormières, vous, votre ami Lavernède, les Supérieurs des ordres religieux qui adressèrent des rapports à Rome, vous avez confondu deux choses qui, à aucune époque de l'histoire ecclésiastique, n'eurent rien de commun : l'Église et le gouvernement de l'Église. L'Église reste aujourd'hui ce qu'elle fut en tous les temps : divine, infaillible, au-dessus des vicissitudes humaines. Quant à son gouvernement, tenu, dès l'origine, de batailler contre toute espèce d'entreprises coupables, particulièrement contre les convoitises, la corruption, l'âpreté des princes, si manifeste de nos jours, il fut plus d'une fois dans la nécessité de placer à sa tête des chefs plus fermes que pieux, plus énergiques que sages, plus animés en apparence de l'esprit de la terre que de l'esprit du ciel. Mais l'Église eût-elle vécu, si Dieu ne lui eût envoyé ces grands pontifes : Grégoire VII, Innocent III, Boniface VIII,

Sixte-Quint, Pie IX ? Certes, je ne puis en douter, vous avez pour le grand Hildebrand, ce lutteur héroïque, ce véritable fondateur de la monarchie catholique, l'admiration qu'il impose à tous. Eh bien, savez-vous comment le cardinal Pietro Damiani, confondu souvent par l'audace de son génie, la puissance de ses combinaisons politiques, l'ardeur insatiable de son ambition, l'appelait ? Il l'appelait *Saint Satan !* »

L'abbé Ternisien frissonna. Il s'inclina pour prendre congé de nouveau et marcha vers la porte.

Le cardinal Maffeï eut un imperceptible haussement d'épaules. D'un œil indifférent, il regarda s'éloigner l'ancien secrétaire intime de Monseigneur de Roquebrun, et, cette fois, ne jugea pas à propos de le rappeler.

XXVI

UN CANDIDAT A LA PAPAUTÉ

L'abbé Ternisien mourut dans les premiers mois de l'année 1869. L'abbé Lavernède, qui, depuis plus d'un an, avait perdu sa mère, affranchi désormais de la douce chaîne qui le retenait à Lormières, fut prévenu à temps, et put accourir en toute hâte au couvent des Franciscains de Tivoli. Il eut la triste consolation de recueillir le dernier soupir de son ami et de lui fermer les yeux.

Comme cela devait arriver, le parfum de Rome enivra l'âme si profondément chrétienne de l'abbé Lavernède. Ému en même temps qu'il était ébloui, il rêva de finir ses jours, lui aussi, dans cette splendide retraite, « *ce rendez-vous des âmes aimantes et ulcérées* », comme l'appela Chateaubriand. Il était donc sur le point d'adresser à son évêque sa démission d'aumônier des prisons de Lormières ; car Monseigneur Capdepont, malgré Mical, moins oublieux et plus acharné, n'avait pas daigné se souvenir de son ancien ennemi et lui avait laissé son poste, quand il reçut une dépêche l'invitant à rentrer tout de suite dans son diocèse pour reprendre, au grand séminaire, la chaire d'*éloquence sacrée* qu'il y occupait autrefois.

Que s'était-il passé ? Rien qui ne fût très simple.

Monseigneur Rufin Capdepont, comme l'abbé Lavernède lui-même l'avait prévu, poursuivant sa marche ascendante dans l'Église, venait d'être nommé archevêque, et le nouvel évêque de Lormières, Monseigneur Tissandier, jaloux de s'attirer l'affection de son clergé, rappelait les prêtres diocésains au grand séminaire, après en avoir toutefois délogé les Jésuites, que Monseigneur Capdepont, très intéressé à plaire au *Gesù,* y avait établis dès le commencement de son épiscopat.

Monseigneur Capdepont fait très peu parler de lui. Monseigneur Capdepont vit très retiré dans son diocèse. C'est à peine si, de temps à autre, pour administrer le sacrement de la Confirmation, il sort de son palais archiépiscopal, où le retiennent des travaux qu'il publiera prochainement. On parle, sous le manteau, d'une *Histoire du pontificat de Pie IX,* suivie de pièces inédites fort curieuses sur les menées politiques du comte de Cavour et des ministres qui lui ont succédé : Ricasoli, Ratazzi, Menabrea...

Ce livre, qui porte pour épigraphe ces trois mots latins : « *Crux de cruce* », si nous en croyons ceux qui furent admis à en connaître quelques pages, est destiné au plus grand retentissement. Toutes les questions qui préoccupent le monde religieux et politiques y sont abordées de front, scrutées avec l'audace du génie, et, dit-on, résolues. Les théories absolutistes du *Syllabus,* le dogme nouveau de l'infaillibilité, dont Monseigneur

Capdepont fut, au dernier concile, l'un des plus énergiques défenseurs, si nos renseignements ne nous trompent, se trouvent discutés là avec une hauteur de vues, une abondance d'arguments faites, sinon pour déterminer la conviction dans les esprits, du moins pour leur imposer l'admiration d'un talent plein à la fois de souplesse et de vigueur.

En ce moment même, Monseigneur Capdepont écrit un chapitre intitulé :

Quel sera le successeur de Pie IX ?

Monseigneur Capdepont ne vient jamais à Paris, où on le vit si souvent autrefois. Il va à Rome tous les ans vers le mois de mai. Il n'est pas rare qu'il y retourne en septembre. Le Saint-Père lui fait un accueil qui a suscité des jalousies, et le bruit court que Pie IX, appréciant les services qu'un homme de la valeur de l'archevêque Rufin rend journellement à l'Église, ceux qu'il peut être appelé à lui rendre dans l'avenir, l'aurait nommé cardinal *in petto*. Est-ce vrai ?...

Dernièrement, Monseigneur Capdepont se

promenait en compagnie de son confident habituel, le Grand-Vicaire Mical, — car l'abbé Mical, lui aussi, a vu son ambition satisfaite, — dans le vaste et beau jardin qui enveloppe d'une ceinture profonde de verdure l'hôtel archiépiscopal.

« Ma foi, Monseigneur, du train dont vont les choses en Italie et en Europe, je vois en vous le Pape futur, lui dit à brûle-pourpoint l'ancien professeur de *théologie morale* du grand séminaire de Lormières.

— Y pensez-vous, Mical ?

— J'y pense très bien. La France a déjà donné seize successeurs à Saint-Pierre. Pourquoi ne seriez-vous pas le dix-septième ?

— Que Pie IX ait encore de longs jours !... D'abord, si le Saint-Père mourait, c'est la camarilla italienne qui l'emporterait dans le conclave.

— Mais, Monseigneur, vous ne comptez que des amis dans le Sacré-Collège, et les votes pourraient bien se porter sur Votre Éminence.

— Mon Éminence !... Mical, plusieurs fois je vous ai défendu de me donner ce titre. »

Le Grand-Vicaire, dont le museau s'est encore allongé avec les années, fit une grimace. Puis, ayant fouillé les allées d'un regard de furet :

« Qu'importe ! murmura-t-il, nous sommes seuls. »

Un banc était là, à l'ombre des tilleuls. L'archevêque s'assit... Il paraissait essoufflé. Tout à coup sa tête, trop lourde par le poids des pensées, lui retomba sur la poitrine... Il demeura longuement absorbé.

Mical, toujours aussi alerte, aussi vif que nous l'avons connu, reprit :

« Je n'ignore pas que Pie IX aime beaucoup le cardinal de Angelis, archevêque de Fermo...

— Sixte-Quint fut archevêque de Fermo..., balbutia Capdepont, répondant moins à Mical qu'aux intimes obsessions de son esprit.

— Oui, poursuivit le Grand-Vicaire, le cardinal de Angelis pourrait être élu si, comme on l'a dit, l'élection doit avoir lieu devant le cadavre du Pape défunt, *ante...*

— Non ! non ! » s'écria l'archevêque avec

Un silence de quelques minutes.

Mical continua.

— « La Prusse, dont les affaires ont atteint, pour notre malheur, une prospérité si haute, pourrait bien user et abuser de la position que lui ont faite les évènements, pour mettre en avant le cardinal Hohenlohe ?

— Un Pape allemand !... Les souvenirs des longues guerres du Sacerdoce et de l'Empire sont encore vivants dans l'Église... C'est impossible... Avec un Pape allemand, il faut rayer la France de la carte du monde, ce que Dieu ne permettra point. Quoi ! la France disparaîtrait ! Autant voir le soleil tomber du ciel, et toutes les nations de la terre refluer vers la nuit.

— Mais, Monseigneur, croyez-vous au cardinal Bonaparte ?

— Ce nom est devenu suspect au monde religieux comme au monde politique. Le cardinal Bonaparte, malgré des vertus auxquelles il convient de rendre hommage, n'obtiendrait pas deux voix, s'il avait la prétention de s'élever jusqu'au trône pontifical.

— Et l'archevêque de Westminster ?

— Le cardinal Manning ?... Si le Saint-Père, dépouillé par les bandits de la Savoie, eût accepté, à Malte, l'hospitalité que lui offrit l'Angleterre, la reconnaissance du Sacré-Collège, mis à l'abri de la persécution, eût pu créer des chances à l'archevêque de Westminster. Mais la noble obstination de Pie IX à ne pas s'éloigner de Rome, encore une fois envahie par les barbares du Nord, ne laisse aucun espoir à cette candidature. »

Harcelé par ses pensées qui le piquaient comme autant de poignards, l'archevêque se leva, et, entraînant le Grand-Vicaire, parcourut d'un pas effréné les plus sombres allées de son jardin. Les mains qui retenaient Mical, ainsi que des griffes, lui brûlaient la peau. Évidemment Capdepont avait la fièvre. Ses yeux, où étincelait toute son âme, brillaient dans l'ombre pareils à des braises rouges. Il balbutiait des mots entrecoupés.

« La tiare ! répéta-t-il à plusieurs reprises, la tiare !...

— Votre tête, où la main de Dieu

déposa toutes les puissances de la foi et du génie, serait assez forte pour la porter. »

Rufin Capdepont s'arrêta court. Il regarda longuement le Grand-Vicaire. Puis, avec les cinq doigts de sa main droite, étreignant son front, où une ambition qui tenait du délire avait allumé les flammes d'un effroyable incendie :

« Voyons, Mical, veux-tu me rendre fou ? » balbutia-t-il égaré.

Et, avec une lueur de bon sens et une profonde humilité :

« Moi, né dans une hutte au hameau de Harros, je pourrais gravir les marches du trône pontifical !... Moi, pécheur, — tu le sais, je péchai souvent en ta présence, « *malum coram te feci* », comme dit le roi David, — je pourrais devenir le Vicaire de Jésus-Christ sur la terre !... Et qu'ai-je donc fait pour cela ? »

Il s'interrompit...

Il continua.

« Je suis le jouet d'un rêve horrible... Pourtant si... Ah ! l'univers catholique verrait un Pape, alors... !

— Dieu vous suscita pour le salut de tous.

— Mical, il me semble que je me meurs... Je t'en supplie, tais-toi, tais-toi... »

Cette prière, formulée presque avec des larmes, épouvanta l'ancien professeur de *morale,* qui n'osa plus ajouter un mot.

Ils remontèrent vers l'archevêché, mais désormais ils allaient à pas très lents. Capdepont même s'arrêtait de temps à autre, vaincu, immobilisé par l'intolérable martyre qu'il endurait.

« Il n'est plus douteux, murmura-t-il, restant encore une fois fixe au milieu de l'allée, il n'est plus douteux que l'Allemagne et l'Italie se soient liguées dans le but d'exercer une influence décisive sur le prochain conclave... En cette question du successeur de Pie IX, il y va de la vie pour ce pauvre royaume italien, si misérable, si dénué, si chétif... L'œuvre du comte de Cavour est une baraque de foire en planches de sapin, et l'on voudrait que la main robuste du prince de Bismarck posât la première pierre d'un édifice... Bismarck, voilà un homme avec qui je voudrais être mis à même de me mesurer !... En son discours sur la *Première décade de Tite Live,* Machiavel déclare que l'Église fut, dans tous les temps, l'obstacle à l'unité politique de l'Italie. L'Église le sera encore, cet obstacle !... Mais, devant les intrigues allemandes et italiennes, que fera la France ?... Voyons, si le Sacré-Collège, par le fait des tracasseries auxquelles il ne peut manquer de se trouver en butte, ou d'une révolution toujours imminente en Europe, passait les Alpes et venait chercher un refuge chez nous ?... Alors... alors l'influence française aurait beau jeu et ma candidature pourrait se produire... On agirait...

— Et vous seriez élu, Monseigneur.

— Élu ! Élu !...

— En face de ce résultat si important pour l'Église, si glorieux pour la France, Votre Sainteté ne me refuserait pas la mitre, je pense ?... »

Il ne répondit point.

On se remit en marche.

Au moment de gravir le perron de son palais, Rufin Capdepont fit une halte nouvelle. Puis, succombant à l'irrésistible fascination de son rêve :

« Qui sait ? murmura-t-il levant les bras au ciel, qui sait ?... »

Château de Montgauch, septembre 1871.
— Paris, juin 1872.

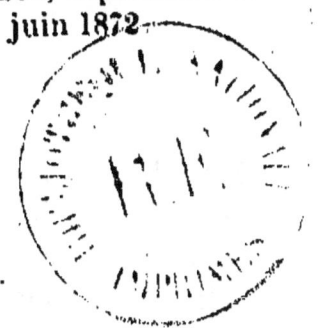

FIN.

TABLE

		Pages.
I.	Une ville dévote..	1
II.	Monseigneur de Roquebrun. . . .	13
III.	Rufin Capdepont.	31
IV.	L'Officialité diocésaine..	59
V.	Le jardin de l'évêché.	75
VI.	L'Ordination..	93
VII.	Le Prince des Ténèbres.	107
VIII.	La messe du Saint-Esprit.	123
IX.	Le vicomte de Castagnerte. . . .	139
X.	Rome.	153
XI.	Le Ministère des Cultes.	165
XII.	La voix du Crucifix.	179
XIII.	Le Chapitre de Saint-Irénée. . . .	189
XIV.	Lavernède et Ternision.	199
XV.	Mical.	217

XVI.	La levée du corps.	225
XVII.	Le pape Formose.	235
XVIII.	Les Réguliers.	251
XIX.	Le whist de M. Clamouse.	265
XX.	Le catafalque.	281
XXI.	La comédie cléricale.	297
XXII.	La crypte.	313
XXIII.	Vive Monseigneur!	329
XXIV.	L'évasion.	351
XXV.	Le cardinal Maffeï.	361
XXVI	Un candidat à la Papauté.	381

PARIS

TYPOGRAPHIE GEORGES CHAMEROT

19, rue des Saints-Pères, 19

www.ingramcontent.com/pod-product-compliance
Lightning Source LLC
Chambersburg PA
CBHW052037230426
43671CB00011B/1684